LE DOSSIER DE LA REVANCHE

L'Espionnage allemand

EN FRANCE

PAR

FRANÇOIS LOYAL

PARIS
NOUVELLE LIBRAIRIE PARISIENNE
ALBERT SAVINE, ÉDITEUR
18, RUE DROUOT, 18
—
1887
Tous droits réservés.

L'ESPIONNAGE ALLEMAND

EN FRANCE

Envoi franco au reçu du prix en un mandat ou en timbres-poste.

COLLECTION IN-18 JÉSUS A 3 FR. 50

ROBERT CHARLIE
Le Poison allemand, avec préface d'E. Lepelletier, 3ᵉ édition.................................... 1 vol.

GREGOR SAMAROW (Oscar Méding)
Les Scandales de Berlin, 7ᵉ édition.............. 4 vol.

PIERRE PEUGEOT
L'Esprit allemand, 2ᵉ édition.................... 1 vol.

HENRI CONTI
L'Allemagne intime, 4ᵉ édition .... 1 vol.

J. H. ROSNY
Le Bilatéral, mœurs révolutionnaires parisiennes, 2ᵉ édition..................................... 1 vol.

GREGOR SAMAROW (Oscar Méding)
L'Ecroulement d'un Empire (Sadowa).............. 2 vol.
Mines et Contremines (Mentana)................. 2 vol.

V. ALMIRALL
L'Espagne telle qu'elle est...................... 1 vol.

LÉON TIKHOMIROV
Conspirateurs et policiers, 2ᵉ édition............. 1 vol.

BRIGARD
Alerte, Patriotes! 5ᵉ édition..................... 1 vol.

KALIXT DE WOLSKI
a Russie juive, 3ᵉ édition....................... 1 vol.

GEORGES MEYNIÉ
L'Algérie juive, 3ᵉ édition....................... 1 vol.

IMPRIMERIE ÉMILE COLIN, A SAINT-GERMAIN

LE DOSSIER DE LA REVANCHE

L'Espionnage allemand

EN FRANCE

PAR

FRANÇOIS LOYAL

PARIS
NOUVELLE LIBRAIRIE PARISIENNE
ALBERT SAVINE, ÉDITEUR
18, RUE DROUOT, 18

—

1887
Tous droits réservés

PRÉFACE

Au moment où ces pages paraîtront, un tribunal allemand, siégeant dans une ville d'Allemagne, jugera pour intrigues et complots constituant le crime de haute trahison des Français et des Alsaciens-Lorrains coupables, prétend-on, d'espionnage.

On daubera sans doute sur notre ignominie.

Ces pages ne sont pas une réponse : on ne répond pas aux insultes. Elles sont plutôt une question.

Espionnés avant et depuis 1870, comment nous défendre contre l'espionnage allemand?

⁂

Nous avons utilisé ce que d'autres ont écrit avant nous et y avons ajouté nos renseignements personnels, *quelques-uns* seulement, car les autres ne sont pas publiables et le seront seulement au jour suprême du règlement des comptes (1).

Lire ces pages ne dispense donc point de lire les pages nourries de l'*Allemagne à Paris*, de M. Lucien Nicot.

FRANÇOIS LOYAL.

---

(1) Je n'eusse pas écrit cette ligne si le *Vaterland* n'avait imprimé qu'en 1889 ce ne sera pas l'*industrie* mais l'*artillerie* allemande qui campera au Champ-de-Mars.

L'ESPIONNAGE ALLEMAND

EN FRANCE

I

Le 24 mai, on télégraphiait au *Temps* :

« Le *Tagblatt* annonce que l'ambassadeur allemand à Saint-Pétersbourg a reçu du Chancelier l'ordre de demander au gouvernement russe des poursuites judiciaires contre le *Novoié Vrémia*, qui a publié un article sur l'organisation de l'espionnage en Allemagne. »

Le *Novoié Vrémia* (*Nouveau Temps*) venait en effet de causer quelque ennui à M. de

Bismarck par la publication de révélations, dont voici le résumé fidèle :

« Il faut se familiariser, disait l'organe russe, avec l'idée que ce n'est pas le procès de MM. Schnæbelé, Klein, ou tout autre *Français* qui va se dérouler devant la cour de Leipzig, mais bien le procès contre les tendances nationales de toutes les nations européennes.

C'est ce procès qui servira de base au pangermanisme.

Des faits pareils, qui menacent la sécurité de tous les États, ne pourraient être préparés qu'à la longue.

Voilà dix-sept ans que, grâce à des succès par lesquels il a su accaparer l'attention publique en Europe, M. de Bismarck suit une politique d'infiltration de son influence dans toutes les puissances du continent.

On reconnaît partout sa main habile, dans l'antagonisme qui divise les nations, auprès des cours, dans le milieu national, dans des centres producteurs et même au Vatican.

De quelle façon est-il arrivé à ce résultat?

En Allemagne et particulièrement en Prusse le métier d'espion est considéré comme le devoir le plus sacré d'un patriote.

Les gentilshommes, les bourgeois, les ouvriers et même les officiers, toutes les classes de la société se livrent avec passion à l'espionnage. En outre des crédits budgétaires et de son trésor de guerre, la Prusse dépense à cet effet 6,500,000 marcs par an, qu'elle tire des revenus confisqués de la dynastie de Hanovre.

Grâce à ces ressources, le bureau du chancelier de Berlin, pareil à une pieuvre gigantesque, a étendu ses bras sur tout le continent jusqu'aux pays les plus éloignés.

Cette institution a deux chefs, M. le général de Golleben (de la garde impériale) et le directeur du personnel du ministère des affaires étrangères.

M. de Bismarck fait tout son possible pour donner à cette institution le plus large déve-

1.

loppement, car il la considère comme la base principale de son succès.

La presse, de son côté, joue un rôle très actif dans le domaine de l'espionnage.

Même les organes de la presse progressiste occupent une place assez marquante parmi les reptiles bismarckiens.

En première ligne, vient le *Berliner Tagblatt.*

C'est l'organe officiel du département de l'espionnage.

Tous ses correspondants à l'étranger sont des espions.

Son correspondant à Paris, M. Otto Brandes (ainsi que la belle-mère de celui-ci, Mme Schlesinger) a même un bureau spécial. Ses délations sont transmises par la rédaction du journal au Prince-chancelier et sont publiées ensuite avec des corrections faites par M. de Bismarck.

Les espions allemands forment trois catégories :

1º La catégorie de l'espionnage supérieur ou central. Suivant l'objet de leurs recherches, les agents de cette classe sont subordonnés au ministère des affaires étrangères ou à l'état-major ou bien à la haute police berlinoise.

Le personnel est choisi parmi les officiers supérieurs des garnisons de Berlin et de Postdam, les hauts fonctionnaires civils, les savants, les artistes et les dames du monde et du demi-monde.

Les agents de cette classe sont disséminés dans toutes les capitales européennes et passent de l'une à l'autre suivant les exigences du moment.

Le plus grand nombre de ces agents se trouve à Paris. Ils pénètrent très adroitement dans tous les milieux, se glissent dans les rédactions de journaux et même dans le monde officiel.

Un grand journal boulevardier a parmi ses agents secrets et ses inspirateurs financiers

— ce qui est d'ailleurs connu de tout le monde — le Prussien Beckmann.

On n'a qu'à se rappeler l'attitude de ce journal durant l'incident Schnæbelé pour se convaincre jusqu'à quel point est forte l'influence que cet agent exerce.

Les femmes jouent dans ce métier un grand rôle ; elles remplissent les antichambres des hommes haut placés et sont prêtes à tout, pourvu qu'elles obtiennent les renseignements qu'elles désirent.

D'autre part, des agents porteurs de titres de noblesse (pour la plupart faux) et disposant de grandes sommes d'argent font toujours la cour aux maîtresses des hommes d'Etat et leur achètent les secrets qu'elles réussissent à apprendre de leurs amants.

Beaucoup de Parisiens connaissent un chanteur soi-disant italien qui chante à toutes les soirées des ministres et qui n'est rien moins qu'un espion allemand marié à une polonaise russe.

Les agents de cette classe évitent toutes relations avec l'ambassade allemande à Paris et avec les organes de cette dernière.

Ce n'est que dans des cas bien rares qu'ils parlent allemand.

Ils entretiennent des relations seulement avec des officiers ou des employés du ministère de la guerre, étudient les fortifications sans faire de croquis et correspondent avec leurs chefs à l'aide d'un alphabet chiffré.

Ces messieurs ont à leur disposition plusieurs passeports, mais jamais celui de Prusse.

Ils préfèrent les titres de noblesse étrangère et pour plus de facilité se font naturaliser à l'étranger.

Souvent ils choisissent des professions libérales ou bien une de celles qui ne peuvent éveiller aucun soupçon.

Les attachés militaires de la représentation allemande à Paris ont à leur disposition des agents d'espionnage, mais ils ne dédaignent pas de s'occuper de ces affaires en abusant de leur position officielle.

Le lieutenant-colonel Vuillaume, pendant tout son séjour à Paris, n'a pas cessé d'espionner avec beaucoup de zèle.

Son déplacement à Saint-Pétersbourg est loin d'être un hasard.

Son successeur à Paris, comme l'a démontré l'affaire Eyrolles, marche dans la même voie.

2º A côté de la classe centrale d'espions qui exerce principalement dans la capitale et autour de l'administration centrale, l'Allemagne a encore une autre classe d'espions, dite *classe territoriale*, dont les agents sont disséminés dans toutes les parties des différents Etats.

Les agents de cette classe habitent en permanence dans une localité.

Cette classe possède, en outre, un détachement volant.

Chaque Etat se trouve divisé à Berlin en

circonscriptions d'espionnage : la Russie, par exemple, en a 5, la France 12, l'Espagne 2.

Les consulats allemands forment les centres d'où émanent les instructions aux agents et où se concentrent leurs délations.

C'est pourquoi tout consulat a un secrétaire policier.

Chaque consul allemand, au point de vue des affaires d'espionnage, se trouve en relations directes avec la chancellerie du ministère des affaires étrangères. Sous ce rapport, il est entièrement indépendant de son ambassade, possède un chiffre spécial et des fonds secrets.

3° Toute ambassade allemande forme aussi un centre particulier d'espionnage.

Elle a à sa disposition des agents pour certaines missions : étudier tel fort, telle invention ou perfectionnement dans quelque arme.

Ces agents sont toujours des Allemands, mais ils ont des passeports anglais, américains, belges ou hollandais. Ils peuvent envoyer leurs correspondances chiffrées directement à Berlin, mais ils reçoivent leur argent des consulats ou des ambassades.

Il y a encore des agents achetés, pris en partie parmi des individus qui seraient prêts à vendre leur patrie, mais surtout parmi les émigrés allemands.

Dans ce nombre, il y a beaucoup de femmes, surtout des bonnes d'enfants et des femmes de chambre.

Ils sont payés par mois ou bien pour chaque délation.

Cette classe (les agents achetés) ne correspond pas directement avec Berlin; les agents de cette catégorie se rendent, après un laps de temps déterminé, avec leurs rapports à certains lieux de réunion.

Strasbourg sous l'administration du prince de Hohenlohe est devenu l'un des centres les plus actifs de l'espionnage allemand.

C'est là que se trouve le cabinet noir chargé de décacheter toutes les lettres qui vont en Allemagne ou d'Allemagne en France.

D'ailleurs chaque ville de l'Empire allemand possède un pareil cabinet noir.

Il y a, en outre, des agents ouvriers enrôlés parmi les courriers des campagnes. Ils passent leur temps en voyages continuels entre les consulats, les ambassades, les points de réunion et Berlin.

Quant à ce qui concerne l'espionnage sur la ligne frontière, ce sont les brigadiers de gendarmerie qui en sont chargés...

Prenant en considération la toile d'araignée dont M. de Bismarck a couvert l'Europe entière (et pas l'Europe seulement), on se demande ce que veut dire toute cette batterie de tambours autour de l'affaire Schnæbelé et Klein?

N'est-il pas clair que c'est là une manœuvre commune à tous ceux qui ont la conscience malpropre et qui accusent les autres pour ne pas être accusés eux-mêmes? »

II

Le rédacteur du *Novoié Vrémia* qui avait communiqué à M. Souvorine cet article à sensation au lendemain des prétendues révélations de la *Gazette de Cologne* sur l'espionnage français en Allemagne, choisissait à merveille son heure pour captiver l'attention publique européenne, et comme la Russie n'est pas moins que la France victime de ses nouveaux procédés de guerre (1), rien ne

(1) Comme preuve, j'extrais ces quelques passages des *Lettres* que se faisait adresser de Saint-Pétersbourg le journal *le Drapeau* :

prouve que le gouvernement du Tzar et la magistrature indépendante dont le généreux Alexandre II a doté la Russie, consentent à se faire — hormis le cas de toutes puissantes raisons diplomatiques — le gendarme de M. de Bismarck.

« On considère la nomination de M. Vychnegradsky comme le commencement de la lutte contre la domination économique de l'Allemagne, qui envahit la Russie en vraie conquérante.

Ces dernières années, on n'a pas cessé d'entendre les plaintes des industriels contre cet envahissement.

Le gouvernement a plusieurs fois élevé les droits douaniers pour protéger quelque peu les producteurs nationaux. Alors les fabricants allemands franchissent la frontière ; ils germanisent des villes entières, comme Lodz, célèbre par ses fabriques, et où la moitié de la population est allemande. Ils couvrent des succursales de leurs fabriques toute la frontière polonaise, en se moquant de nos tarifs. C'est une situation vraiment intolérable, qui ruine nos industriels.

La lutte contre ces envahisseurs est presque impossible, car l'escompte en Russie est beaucoup plus cher qu'en Allemagne, ainsi que plusieurs matières premières. L'industrie de Moscou éprouve donc une vraie crise, et les fabricants poussent de grands cris, en invoquant la protection du gouvernement. Plusieurs dépu-

« Tous les efforts des journaux, écrivait, il y a quelques jours, le correspondant du *National*, ont tendu à représenter les Allemands comme de pauvres calomniés, et, avec une unanimité touchante, parce que rare, ils ont profité de la circonstance pour s'adjuger un certificat tations se sont présentées à ce propos chez M. Katkoff.

Les Allemands y répondent par des menaces. On répète partout ce mot célèbre par son insolence provocante : « Si les Russes nous refusent leur or, nous viendrons le chercher avec du fer. » Et les Allemands s'y préparent.

Il se produit des incidents analogues à celui de Varsovie. Un fabricant allemand s'était établi dans le voisinage de la forteresse. On remarqua bientôt dans son établissement les étranges allures de ses hôtes et la singularité de sa construction. M. Katkoff, informé de l'affaire, demanda à cor et à cri une enquête. Le gouvernement nomma une commission, et il fut bientôt constaté que la fabrique était située admirablement au point de vue stratégique et qu'avec quelques petits arrangements elle pouvait être transformée instantanément en un fort redoutable !

Bien entendu, le gouvernement ordonna la démolition de cette « entreprise industrielle ». Mais, en supprimant les cas particuliers du mal, il est bien temps de songer à détruire le système qui le fait naître. »

de bonnes vie et mœurs, et de discrétion.

« Nous des espions ? disaient-ils en ajustant des gants blancs pour parler de la matière, c'est un comble ! En moins de trois mois, voici deux fois que nous prenons les Français la main dans le sac : ci Letellier et Schnæbelé. Si encore c'étaient là les seuls que nous ayons à invoquer ! Mais c'est une épidémie depuis dix ans. »

Et l'on citait une douzaine de noms. « Quels sont les cas que peut, de son côté, citer la France ? reprenait-on en chœur. *Aucun.* Mais nous sommes magnanimes, tolérants, etc. Nous avons consenti une fois de plus à fermer les yeux ; cependant que la France prenne garde. De France est parti un mouvement d'espionnage systématique et inconnu jusqu'alors, dont l'Allemagne est victime. Tous les procès de haute trahison ont révélé que les intrigues se nouaient à Paris.

« Grâce aux *mœurs remarquablement perverties* (un cliché très goûté ici) que tout le monde connaît, l'espionnage a pu devenir un sport en France. Si les Français veulent enrichir leurs vices nationaux d'une honte nouvelle, c'est leur affaire. Quant à nous, établissons un cordon sanitaire contre cette épidémie. »

Voilà ce que disaient les journaux allemands, et je n'amplifie rien. La fantaisie n'a pas tracé la moindre arabesque de cette broderie. Ce sont des citations de la *Post*, du *Bœrsen-Courrier*, de la *Gazette de Cologne*, etc., que j'ai notées *textuellement* au passage et que j'ai transcrites il 'y a quinze jours, ne pensant pas en faire usage aussi tôt.

Ce qui nous advient est mérité en somme. C'est nous qui, jusqu'ici, nous sommes montrés magnanimes, tolérants, etc. Quand nous nous emparions d'un espion, on menait grand bruit autour de l'affaire, et l'on se contentait souvent de le relâcher sans constatation officielle du flagrant délit. Tant pis ! On a craint même d'appliquer la nouvelle loi contre l'espionnage lorsque l'occasion s'en est présentée.

En Allemagne, cette loi n'existait pas. N'empêche qu'en toute circonstance on s'empressait de sévir. A la moindre arrestation surgissait un procès de haute trahison.

J'aime à croire qu'instruits par les événements, nous n'hésiterons plus, désormais, à faire usage de la législature spéciale que nous possédons depuis l'année dernière.

Voici d'ailleurs le document livré par le parquet de Leipzig à la *Gazette de Cologne.*

« L'officier de la marine française Reclus fut arrêté en 1875 pendant un voyage d'exploration entrepris à Stralsund et Kiel : il fut condamné par le tribunal de Flensbourg à cinq semaines de prison pour avoir dessiné des fortifications sans autorisation.

L'espion français Losson fut arrêté à Metz en 1875. Il a avoué être l'agent du commissaire de police de la frontière d'Audun-le-Roman, qui lui donnait 250 francs par mois. On n'a pu savoir à quelle peine il a été condamné.

Wedderburn-Bischop, homme de lettres, arrêté à Berlin au mois de décembre 1878, condamné à 2 ans et 6 mois de prison pour embauchage de soldats.

Le lieutenant français Tissot, condamné le 4 décembre 1880, à Strasbourg, à 3 ans de forteresse.

Henri Reeser, sujet Hollandais, qui se faisait appeler baron de Graillet, et le baron de Kreettmayr, officier rayé des cadres, condamnés à Munich le 1er septembre 1882.

Krazewski, condamné le 19 mai 1884, par le tribunal de l'Empire, à 3 ans et demi de forteresse, et son complice Heutsch, condamné à 9 ans de maison de force.

Janssens, condamné le 7 mars 1885, par le tribunal de l'Empire, à huit ans de cellule. Ses fils, Pierre et Omer Janssens, sont en fuite et n'ont pu être condamnés ; leur complice Rheil, caissier de la Caisse d'Épargne de Wesel, ne put être convaincu de haute trahison, mais fut, à la suite du procès Janssens, condamné à trois ans de prison pour détournement et abus de confiance.

Muss, arrêté à Cologne et mis en liberté faute de preuves ; Knipper, compromis dans la même affaire, également mis en liberté faute de preuves.

Schneider, condamné à cinq ans de prison à Cologne ; Hillner relâché faute de preuves ; le sous-officier Mesler, condamné dans la même affaire à deux ans de prison ; Petrement, relâché faute de preuves ; le général de Miribel et son officier d'ordonnance Pistor, qui se trouvaient à Mayence au moment où ces arrestations eurent lieu, ne furent pas poursuivis.

Les officiers français Klein et Kuhlmann, arrêtés à Coblence et relâchés sans jugement.

Sarrow, condamné par le tribunal d'Empire le 11 février 1886 à douze ans de cellule. Son complice Rottger fut acquitté.

Le journaliste Prohl, condamné à neuf ans

de cellule ; son complice, Schwarz, mourut pendant l'instruction.

Thomas, artificier en chef, condamné à onze ans de cellule avec plusieurs de ses complices.

L'officier français Letellier, arrêté à Carlsruhe, mis en liberté sans jugement.

Le général français Faye, non poursuivi; par contre, son hôte et ami le comte Zamoïski, à Kurik, près Posen, expulsé de Prusse. »

« La simple lecture de ce factum, disait le *Figaro* en reproduisant ce factum, montre de quelle façon il a été fait. Les gens arrêtés et mis en liberté faute de preuves (en Allemagne !) sont comptés au même titre que les condamnés. Des officiers dont l'innocence a été constatée par l'autorité allemande elle-même, et de la façon la plus éclatante, sont placés au même rang que des espions au service de puissances autres que la France. »

Notre intention n'est pas de discuter les termes de cette dénonciation : notre tâche est autre.

Nous opposons accusation à accusation, grief à grief. A des soupçons qui se formulent en termes vagues, nous ripostons par l'énumération de faits certains, de faits avérés, par un historique puisé aux sources officielles ou authentiques.

Nous ne prétendons d'ailleurs tirer aucune conclusion de notre récit.

Ce n'est ici qu'un dossier.

Le lecteur jugera.

III

Au lendemain de notre défaite, — M. de Bismarck l'a raconté lui-même il y a quelques mois au Reichstag, — le vainqueur hésitait dans l'énonciation de ses exigences.

Durant toute la campagne, elles avaient été croissantes avec les difficultés vaincues.

Au 31 octobre, M. de Bismarck demandait l'Alsace et trois milliards.

« Aux jours de l'armistice, dit l'auteur anonyme de *l'Allemagne nouvelle*, quand il fut question de signer les préliminaires du traité de paix, avant que les représentants militaires fussent introduits pour délimiter les territoires, un incident singulier se produisit.

« L'empereur était souffrant d'un de ces gros rhumes auxquels il est sujet.

« M. de Bismarck et M. de Moltke étaient en froid ; entre eux il y avait eu froissement ; le premier avait depuis longtemps été blessé d'être tenu trop en dehors des opérations militaires ; le second était irrité des conditions de la paix et disait : « J'en rougis et je n'ose les faire connaître à mon armée. »

« Telle était la situation pendant que l'on discutait.

« Lorsque l'on vint à parler de la Lorraine, M. de Bismarck écoutait avec attention les arguments de M. Thiers qui répétait : « C'est une terre de langue française, c'est une terre française, elle n'a rien d'allemand que le souvenir d'une domination autrichienne ; pourquoi voulez-vous la prendre ? »

« M. de Bismarck se souvient-il qu'il écrivit alors au crayon sur une feuille de papier : « Veuillez me dire, par un seul mot, quelle est pour nous la valeur de Metz ». Ce billet fut immédiatement porté à M. de Moltke qui, sur le même papier, et également au crayon, répondit : « Metz représente pour nous une armée de 100 à 120,000 hommes ». M. de Bismarck dit alors : « Je ne puis vous céder Metz, donc je garde la Lorraine. »

En prenant Metz, M. de Bismarck crut nous avoir infligé le coup suprême ; il comptait la force de *ressort* qui est une qualité toute française. Il comptait sans le labeur acharné de renaissance de toute une génération.

Le premier réveil des inquiétudes allemandes fut causé par l'Emprunt dit de libération du territoire. Ce crédit accordé au gouvernement français par toutes les nations de l'Europe, la souscription quarante-deux fois couverte, lui ouvrirent les yeux.

Il était trop tard ou trop tôt.

IV

Le traité de paix fut exécuté tel qu'il avait été signé.

L'Allemagne comptait du moins sur les conséquences fort dures pour notre commerce et notre industrie du traité de commerce signé à Francfort, en même temps que l'on échangeait les ratifications du traité de paix. Ces conséquences se firent sentir un jour; mais ce jour fut lent à venir au gré des désirs du Chancelier.

Tout d'abord, en effet, le commerce français, paralysé durant une année, sembla entraîné dans un essor vertigineux. La reprise des affaires fut comme un violent coup de collier.

Il me souvient — j'étais collégien alors et habitais un pays de vignoble — d'avoir vu des files de charrettes chargées de tonneaux qui couvraient les routes à plusieurs kilomètres, des abords extrêmes de la ville jusqu'à la gare. Il fallait prendre la file plusieurs jours d'avance pour parvenir enfin à faire enregistrer sa marchandise et à l'expédier. La police urbaine était sur les dents. La population des campagnes campait le long des boulevards.

Il me semble que cela dura plusieurs mois.

Je vois aussi les trains de marchandise interminables qui prenaient la route du Nord, les lourdes locomotives les entraînant lentement avec un énorme mugissement de fatigue aux abords de la cité, puis comme s'échauffant et prenant ardeur à la besogne jusqu'à ce qu'à l'horizon, au fond de la plaine, quand on ne voyait que le sillon blanchâtre de la fumée sur l'azur du ciel, elles semblassent courir comme le vent.

L'argent affluait et les milliards versés à l'Allemagne semblaient être de nouveau drainés par l'industrie française.

Le territoire était enfin évacué.

On respirait librement.

Alors on transigea avec sa conscience, avec ses serments.

A la première heure, dans la première douleur de l'irrémédiable défaite, alors que la lecture du traité de paix arrachait des larmes de honte à des enfants de douze ans, on s'était juré de porter *en famille* le deuil des provinces perdues.

La fierté du vaincu, qu'on avait laissé écraser et qui s'en souvenait, ne voulait aucune consolation étrangère, encore moins celles qui eussent pu passer pour railleries.

Il me souvient du succès qu'obtint alors un

roman patriotique dû à une plume protestante et dont la thèse était qu'une Française ne pouvait — quels que fussent les serments échangés jadis — épouser un Allemand.

Les journaux légitimistes, les organes de la politique à principes immuables donnèrent à la haute société française le mot d'ordre de la mise en quarantaine des Allemands.

« La guerre est finie, diront les cosmopolites et les philanthropes, écrivait *l'Union*. Non, elle ne l'est pas! Le premier acte est achevé, hélas! Mais la guerre de races qu'on vient inaugurer se prolongera à travers les âges, et, si nous mourons avant la vengeance, nous la léguerons à nos enfants comme un héritage sacré.....

« Nos lois permettent à la police d'interdire aux sujets allemands la résidence en France; une loi nouvelle pourrait leur interdire d'y rien posséder. Et si l'État recule devant de pareilles mesures, c'est du moins *un devoir strict pour les particuliers de ne les ad-*

mettre désormais chez eux à aucun titre. »

En ce temps où le baron Hirsch n'était reçu chez aucun de nos grands seigneurs, les âmes peu fortes que la passion du jeu entraînait à Bade, n'osant s'avouer Françaises, se disaient Belges.

Mais déjà la consigne que l'on s'était donnée faiblissait, les énergies mollissaient.

Alors les tracasseries commencèrent.

V

Jusque-là on s'était borné à de petites escarmouches diplomatiques.

De loin en loin, le comte d'Arnim, ambassadeur d'Allemagne, poussait de grands cris : c'était le général Ducrot, vieux soldat qui ne savait dissimuler ses antipathies, c'était la baronne de Rothschild, désireuse d'afficher son patriotisme pour se pousser dans notre aristocratie, qui motivaient ses plaintes.

« La situation d'un ambassadeur d'Allemagne à Paris n'était pas tolérable.

« Les violences des journaux d'une part, les affronts des gens du monde dans les salons, c'était vraiment plus qu'il n'en pouvait supporter.

« Il démissionnerait, il rentrerait à Berlin. Il n'y aurait plus d'ambassadeur allemand à Paris : un consul suffisait. »

M. Victor Tissot a fort spirituellement raconté ce manège et l'entrée en matière, à la chancellerie allemande du moins, car il avait jadis officié pour la Préfecture de police, de M. Albert Beckmann, le maître-mouchard prussien. J'analyse simplement ce récit.

Le ministère des affaires étrangères était alors occupé par le duc Decazes, esprit fin et délié, diplomate de race, d'une souplesse qui n'excluait pas la fierté, au résumé l'homme le mieux taillé pour une tâche aussi difficile.

M. Thiers l'avait choisi parce qu'il le jugeait tel et, pendant près de sept années, les circonstances exigèrent sa présence au quai d'Orsay.

Le rôle d'un duc de Richelieu n'était pas possible en 1871. Le vainqueur était unique : on ne pouvait compter sur les jalousies de monarque à monarque, de ministre à ministre, de nationalité à nationalité, pour se trouver des appuis.

Malgré sa prudence et sa haute réputation, M. Thiers n'avait pas, comme chef de gouvernement, ce qui avait fait la force de Louis XVIII : l'orgueil de race.

Il n'eût jamais transporté, le cas échéant, son fauteuil sur le pont d'Iéna pour sauter avec lui, ou plutôt pour l'empêcher de sauter.

Le duc Decazes, avec l'assentiment du président, avait le patriotisme de s'incliner chaque fois qu'il fallait s'incliner, de s'excuser chaque fois qu'il fallait s'excuser. Il avala plus d'une couleuvre durant les conférences aigres-douces que lui proposait à chaque instant M. d'Arnim.

Au carême de 1874, les relations se tendirent encore davantage.

Le Kulturkampf battait son plein de l'autre côté du Rhin.

Les évêques français, heureux sans doute de donner cours à leur patriotisme en même temps qu'à leur ardeur religieuse, furent imprudents. Leurs mandements attaquaient violemment la politique intérieure de M. de Bismarck.

Le comte d'Arnim reçut ordre de demander des poursuites.

Il y avait des précédents malheureux.

En septembre 1866, le *Mémorial diplomatique* ayant publié un article insultant pour la personne du roi Guillaume, M. de Goltz, ambassadeur de Prusse, avait obtenu d'un tribunal français condamnation à un mois de prison et cent francs d'amende, malgré les efforts de l'avocat des prévenus, M. Dufaure.

Le journal l'*Univers* paya le premier les pots cassés : il fut suspendu. M. de Bismarck parut alors juger que ses instructions avaient été outrepassées.

« Il n'était pas nécessaire, écrivait-il, de faire de la réclame à l'*Univers*. »

M. de Bismarck oubliait que peu de semaines avant, il avait donné ordre de tenir en haleine le gouvernement du maréchal par des réclamations bi-mensuelles.

C'était un premier essai du système d'entraînement que la politique allemande emploie de nouveau vis-à-vis de nous depuis six mois.

Quoi qu'il en soit, la presse du début de 1874 est pleine du bruit de ces réclamations et de ces négociations, du tapage causé par la circulaire adressée aux évêques par les soins du ministre des affaires étrangères.

Puis l'Allemagne se déclarait satisfaite et tout semblait confirmer les espérances de paix, quand soudain éclata la lutte aiguë entre le Chancelier et l'ambassadeur.

Bientôt le procès sans pitié fait au comte d'Arnim apprenait à l'Europe que M. de Bismarck ne souffrait ni adversaires, ni successeur possible.

VI

A la lueur de ce débat cynique, on put déchiffrer pas mal de choses.

Aucun fait précis d'espionnage ne fut, bien entendu, révélé, mais on sut dès lors à n'en pouvoir douter que M. Rodolphe Lindau avait été envoyé à Paris, dès le commencement de l'année 1873, pour prendre à l'ambassade allemande la direction du service de la presse.

M. Lindau, qui était accueilli en confrère dans les rédactions de nombre de feuilles parisiennes, avait charge de fournir des nouvelles *contrôlées* par le ministère des affaires étrangères de Berlin aux journaux allemands.

Le rôle de M. Beckmann à l'ambassade fut aussi élucidé et c'est à la lumière des révélations du procès qu'on a pu plus tard reconstituer la genèse de la floraison de ce vilain personnage.

C'était M. Beckmann, qui avait transmis la note relative à la démission de M. d'Arnim à la presse belge : c'était M. Beckmann qui avait ensuite rédigé la note démentant cette nouvelle.

M. Beckmann avait ainsi agi la première fois à l'insu de M. de Bismarck et sur l'ordre de M. d'Arnim, la seconde à l'insu de M. d'Arnim et sur l'ordre de M. de Bismarck.

C'était M. Beckmann qui avait éventé l'intrigue d'Arnim-Landsberg. Après avoir interrogé le docteur Landsberg, rencontré par lui à l'ambassade, il s'était rendu à Vienne pour interroger M. Lauser, rédacteur de la

Presse, qui avait reçu les communications de M. Landsberg. De Vienne il partit pour Berlin, où il devait trouver sa récompense.

Il avait trahi M. de Bismarck à l'heure où l'ambassadeur d'Arnim avait des chances de devenir chancelier en son lieu et place ; il avait trahi le comte d'Arnim lorsque le prince de Bismarck avait prouvé à tous qu'il pouvait écraser ses ennemis les plus redoutables.

Qu'était donc cet estimable personnage ?

Albert Beckmann, aujourd'hui chef de la police secrète de l'ambassade allemande, après qu'il se fut *brûlé* comme agent secret, habite Paris depuis trente-six ou trente-sept ans.

Il avait environ vingt-cinq ans quand il y arriva et devint tout aussitôt un des familiers de la Préfecture de police.

Il passa ensuite par le journalisme et collabora au *Temps*, fut avec M. Oscar Méding (Grégor Samarow), l'auteur des *Scandales de Berlin* et de l'*Écroulement d'un Empire*, un des agents du roi de Hanovre dépossédé.

Il paraît que, comme M. Oscar Méding, il trouva son chemin de Damas à la lueur d'une pluie dorée.

Depuis 1871 le reptile a fait son chemin et l'on prétendait, il y a peu, dans certains milieux officiels qu'il était devenu l'un des plus puissants actionnaires du *Gaulois*.

Le fait est, presque à coup sûr, faux et ce racontar ne doit probablement son essor qu'aux passions politiques du jour.

Mais les triomphes de l'espion Beckmann n'ont pas été sans amertumes.

En 1879, le directeur de la *Franzoesische Correspondenz*, M. Landsberg, le traitait net d'*agent de police avéré*; il est très vrai que, peu de jours après, il le réhabilitait en se battant en duel avec lui.

A la mort du docteur Landsberg, M. Beckmann eut sa revanche par un tour fort adroit ; il s'empara de son journal qui est rédigé aujourd'hui sous sa direction par les reptiles Stouth et Steinherz et soutenu par une subvention du banquier Erlanger, l'immonde juif que nos tribunaux ont tant de fois *impartialement* (?) acquitté, malgré sa participation à de véreuses entreprises (1).

Le procès d'Arnim révélait des faits plus graves encore que le rôle de MM. Lindau et Beckmann.

Il était cyniquement proclamé que le comte d'Arnim avait, à la fin de 1873, reçu l'ordre exprès de se plaindre chaque quinzaine du langage de la presse française, et que cet *entraînement* n'avait d'autre but que nous pousser à quelque imprudence.

L'année 1875 marqua clairement le but que l'on avait voulu atteindre.

Articles menaçants annonçant *la guerre à brève échéance*, spéculations sémites qui désorganisaient à chaque instant les Bourses

(1) Le dernier de ces acquittements est heureusement précédé de considérants aussi vengeurs pour la morale que déshonorants pour le financier sémite qui les a mérités.

3.

européennes sur un mot d'ordre parti de Berlin, toute la comédie de cet hiver se joua alors jusqu'à l'intervention personnelle d'Alexandre II, jusqu'au mot de l'empereur d'Allemagne au prince de Polignac :

— On a voulu nous brouiller : maintenant tout est arrangé.

Cette intervention était due à l'habile politique du duc Decazes secondé par notre ambassadeur à Saint-Pétersbourg, le général Le Flo, qui a récemment publié les pièces de cette négociation (*Figaro* du samedi 21 mai).

Alors le travail secret reprend de plus belle.

L'Allemagne se fortifie chaque jour.

Son commerce extérieur a pris un essor semblable à celui qui a suivi pour la France les traités de 1860.

L'exportation des tissus, des produits métallurgiques, des sucres, des alcools, des articles de fantaisie, des papiers, double. Des usines nouvelles dressent leurs cheminées géantes par tout le pays allemand.

La Bourse de Berlin devient la rivale des Bourses de Londres et de Paris.

Les Allemands emplissent leur portefeuille d'une quantité de plus en plus considérable de valeurs étrangères en sorte que le change est tout en faveur de leur place.

Ils chassent les capitaux français et les banquiers français des principales institutions de crédit de l'Autriche.

Ils envahissent la France comme ils ont envahi la Russie.

L'ère de l'espionnage est dans son plein.

VII

De tous les peuples de l'Europe, l'Allemand est naturellement le plus disposé au métier d'espion.

Chez nous, Français, surtout avant 1870, — car il faut hurler avec les loups, — les espions étaient méprisés comme les traîtres. En Allemagne, on honorait le mouchard international autant que le plus brave soldat.

« *Pour l'Allemand*, dit un proverbe cité par M. Pierre Peugeot (1), *ce qui est de sa*

(1) *L'Esprit allemand.*

*maison, de son pays est sacré et secret...
L'escargot porte sa maison avec lui, parce
qu'il n'a pas de confiance en ses voisins... Ne
dis pas tout ce que tu sais ; ne crois pas tout
ce que tu entends ; ne fais pas tout ce que tu
peux ; donne à tout un sens, mais n'en dis
rien.* »

Tel est le programme de l'Allemand à l'étranger et en France l'Allemand est légion.

Nos usines, nos ateliers, nos mines sont pleins d'Allemands. Nous en possédons deux cent cinquante mille sur notre territoire. Hier, sur *neuf* ouvriers voleurs arrêtés à l'Opéra-Comique et recrutés, par parenthèse, par le juif Picard, il y en avait *huit* Allemands. M. Nicot a conté les exploits de ces envahisseurs qui mangent le pain de nos ouvriers, espionnent les secrets de notre fabrication et de notre industrie, puis emportent dans leur patrie économies et savoir pour les employer à nous faire concurrence.

Ils sont partout, dans nos cafés et dans nos restaurants, à la fois clients et garçons.

Nos bouillons Duval — et particulièrement le Cadran bleu situé au carrefour des rues Faubourg-Montmartre, Lafayette et Drouot — les voient arriver par colonnes serrées aux heures des repas. Ils s'asseyent autour des tables, dévorent des yeux la carte des plats ; puis se jettent sur les mets avec des regards brillants comme des paillards qui convoitent une femme. Leur voracité repue, ils plaisantent lourdement avec les filles qui les servent. Allemandes pour la plupart elles aussi, elles leur répondent avec une crudité d'expression toute germanique. La conversation monte bien vite à un diapason pire que celui des mauvais lieux.

C'est ainsi que brocanteurs, marchands de pierres précieuses, agents commerciaux, tous habitués du café Scossa voisin, se conduisent à table.

La scène est vraiment ignoble ; j'y ai assisté cent fois.

Il n'est pas de truc que l'Allemand n'emploie pour écouler en France sa marchandise, pas de *carotte* qu'il ne *tire* à la douane pour favoriser son commerce, pas d'indulgence qu'il ne sache acheter.

Les pires, ce sont ces agents d'affaires, en résidence à Paris, qui reçoivent des mensualités variant de 150 à 200 fr. sous obligation de répondre chaque mois à un questionnaire qui leur est adressé; d'autres, non moins dangereux, sont employés comme courtiers d'assurances, on courtiers de location. A ce titre, ils lèvent des plans de propriétés, et emportent des photographies avec désignation des lieux et des propriétaires, en rédigeant des inventaires explicites et complets.

Parmi ces derniers, on signale tout spécialement un certain B... qui a un journal moitié littéraire, moitié technique et se prétend alsacien. Sa littérature ultra-patriotique à la page 5 de son numéro devient singulière à la page 7 où l'infâme barbarie de la future invasion française en Allemagne est mise en lumière.

D'autres, profitant des études qu'ils ont eu le loisir de faire en 1870-1871, ont remarqué des gisements d'argile noire excellents pour les produits céramiques et prétendent se faire accorder le droit de concession pour l'exploiter.

D'autres, comme une certaine Mlle Camprecht, fondent en plein Paris une association ayant pour but d'y attirer des institutrices et des gouvernantes allemandes. La princesse impériale d'Allemagne a pris sous son protectorat la nouvelle fondation qui s'installe aux Batignolles dans un grand immeuble qui ne coûte pas loin de 200,000 fr.

C'est alors qu'un ordre du ministre de la guerre prescrit à nos officiers de n'avoir pas d'Allemandes à leur service comme domestiques, bonnes d'enfants ou institutrices. Il est vrai que l'ordre n'est pas obéi et que chacun — en province surtout — se dérobe autant qu'il peut à des obligations *aussi sévères*. La presse s'en mêle et, l'esprit de parti aidant, on invente une scie spirituelle. Le général Boulanger aurait sous sa protection un bureau de placement et charité bien ordonnée commence par les siens.

Les mêmes ennemis, quand on agite la question de l'espionnage, lui donnent pour maîtresse une Allemande; les plus fins déclarent qu'il n'y a pas de fumée sans feu et rappellent l'affaire Cissey-de Kaulla.

Il ne nous plaît pas de les suivre sur ce terrain.

VIII

L'affaire de Kaulla est la première et seule bruyante affaire qui ait jeté quelque jour sur les manœuvres allemandes en France.

Si, en fait, on a arrêté bien des espions sur notre territoire depuis 1874, il est à noter que pas une seule fois ces espions n'ont été jugés en vertu des lois existantes. Le processus employé à leur égard n'a jamais varié. Arrêtés aujourd'hui, ils sont chaque fois relâchés le lendemain sans jugement public, sans instruction sérieuse. Il a toujours semblé qu'on désirait éviter toute lumière.

Le procès de Kaulla est lui-même entouré de mystères analogues. A chaque instant, on eût dit que le jour allait se faire, mais immédiatement les ténèbres redoublaient d'intensité. Une enquête parlementaire sur les faits du procès a été ensevelie dans l'ombre et de vagues échos seuls en sont arrivés jusqu'à la foule. Nous tâcherons de les recueillir; nous tâcherons de mettre en vue les points de fait intéressant directement notre sujet.

Rappelons d'abord, en deux mots, comment se produisirent les incidents de Kaulla-Cissey.

L'esprit public était en ce moment surexcité. On ne parlait dans Paris que de papiers volés au Ministère de la guerre et livrés aux Allemands par des traîtres. On ne prononçait encore aucun nom, mais on indiquait vaguement un officier supérieur de notre état-major général.

L'adage qu'il n'y a pas de fumée sans feu

était véridique cette fois encore, mais la vérité n'avait pas le caractère de gravité que revêtaient toutes les suppositions. Une imprudence de Gambetta, alors président de la Chambre; une regrettable faiblesse du Ministre de la guerre, M. le général Farre, étaient les seuls fondements de tout ce bruit.

Gambetta avait voulu consulter le dossier contenant les états de mobilisation de notre armée, curiosité d'avocat à prétentions de généralissime. Le général Farre s'était prêté à ce caprice et lui avait fait porter le dossier par leur ami commun, le colonel, maintenant général Jung. Un confrère du colonel, durant les quarante-huit heures que dura cette communication, avait constaté l'absence des pièces secrètes. Il avait su que le colonel Jung les avait emportées.

Cette conduite, étrange en apparence, mais correcte, puisque le colonel agissait par l'ordre, fut révélée par lui dans le secret de conversations intimes à quelques amis.

Le *Gaulois* comptait alors dans sa rédaction un écrivain d'origine slave, et, à ce titre, bouillant adversaire des Allemands, M. Ivan de Woestyne.

M. de Woestyne avait vu en jeu l'espionnage allemand. Il était, dès lors, plus méfiant qu'un autre. Il avait aussi entendu parler, en Allemagne, de détournement de pièces et de papiers officiels au détriment de nos intérêts militaires. Il était, dès lors, plus crédule que tout autre Français et, rencontrant le général Ney, duc d'Elchingen, — celui-là même qui est mort, il y a peu d'années, dans les circonstances que l'on sait, ou mieux que l'on ne sait pas, — dans une promenade matinale au bois de Boulogne, il causa avec lui de ce qui se disait. Le général, dans une conversation rapide, confirma les soupçons du journaliste. Quelques jours après, un article tapageur du *Gaulois* transformait en espion le malheureux époux de Mme de Kaulla, le loyal soldat dont le seul tort est d'avoir diminué Napoléon Ier

dans un livre qui eut quelque retentissement.

..... « Ceci se passe dans le pays que vous voulez, ceci est indifférent, écrivait M. de Woestyne. Il n'est en cette matière qu'une seule chose invariable, c'est que l'espion est Allemand, toujours.

« Il y a quelques années, le Ministre de la guerre de ce pays, à votre choix, était un vieux bonhomme atteint de cette maladie ridicule qui s'appelle l'amour sénile, — cette calamité qui étrangle sans repos le vieillard impuissant dont l'esprit débordant de désirs toujours inassouvis le tient sans cesse sous la domination de la sirène qui le domine. Le général dont il s'agit s'était abandonné à une chasseresse qui était un vrai faune femelle — à ce que m'a assuré quelqu'un qui plus tard a vu cette femme de très près — une faunesse avec certains de ses attributs physiques. Cette relation dura tout le temps où le vieux céladon resta au ministère, où sa maîtresse introduisit des créatures à elle, des traducteurs —

ce qui expliquait leur nationalité. — Il va sans dire que la femme et les autres étaient à l'entière dévotion de la chancellerie allemande.

« Cette relation du ministre et de cette étrangère n'était un secret pour personne. Comment la tolérait-on ?

« Peut-être est-ce parce que les habitants du pays sont les plus insouciants du monde, peut-être est-ce parce que cette étrangère était mariée avec un officier du pays espionné, un officier qui était encore au service. Le mari et la femme vivaient séparés et chacun disait pis que pendre de l'autre. Cela dura jusqu'au jour où les gens que la dame avait introduits au ministère firent main basse sur des documents importants. Il y eut alors une affaire dont je ne me souviens plus bien, — mais que je saurai encore quand je le voudrai — et qu'on étouffa, comme on les étouffe toujours. Qu'un malheureux, pour faire manger les siens, vole un pain chez un boulanger, on le mettra en prison. Qu'un misérable vole l'avenir de son pays pour satisfaire ses vices, on l'aide à se cacher.

« Bref la dame s'en alla à l'étranger — toujours au compte de l'Allemagne. — On la vit successivement en Russie, d'où elle fut expulsée, bien qu'elle y tînt alcôve ouverte, puis en Angleterre; finalement on n'y pensa plus. Cependant les choses avaient marché dans le pays où si longtemps elle avait régné au ministère de la guerre; un ministre avait succédé à un autre; cela était même arrivé plusieurs fois déjà, et les circonstances avaient amené au pouvoir un ambitieux peu estimé dans l'armée, et qui dut s'entourer, un peu comme il le pouvait, de gens de son acabit. Parmi eux se trouva le mari de la dame, qui, paraît-il, était le digne mâle de semblable drôlesse; il avait su capter la confiance de son grand chef et en jouait comme autrefois sa moitié jouait du dévergondage du prédécesseur. Il tirait tout à lui, et bientôt son bureau allait devenir le vrai centre de l'armée, que tout entière il aurait tenue dans sa main.

« Pour que le lecteur me comprenne bien, je lui dirai par exemple que, dans le pays qui nous occupe, le plus grand secret est gardé dans les régiments sur les points de réunion en cas de guerre, et pourtant chaque régiment est toujours muni de ses instructions. Elles sont, sous pli cacheté, dans la caisse des corps, et le colonel n'en doit déchirer l'enveloppe que le cas échéant. Les instructions de tous les régiments sont concentrées au ministère, et c'est ce bureau que visait ardemment le bonhomme qui nous inquiète. Il mit à l'obtenir une insistance imprudente ; elle fit ouvrir les yeux sur lui. On le surveilla avec d'autant plus de rigueur qu'il s'était créé beaucoup d'inimitiés en élaborant certain projet dont le but était l'intrusion de la police dans l'armée. Il voulait que la conduite personnelle de chaque officier fût connue jusque dans ses détails les plus intimes. Il est superflu de dire que dans l'armée, plus que partout ailleurs, la seule idée de cet étrange contrôle est inadmissible et insupportable.

« Donc on surveilla ce novateur. On le surveilla et on le fit surveiller. On acquit la conviction qu'il était en correspondance avec sa femme, l'espionne allemande... »

Le colonel Jung demanda d'abord une réparation par les armes ; puis, ne jugeant plus une rencontre suffisante, il assigna M. de Woestyne devant la 8ᵉ chambre correctionnelle et le fit condamner, pour fausses nouvelles et diffamation, à six mois de prison, 1,000 francs d'amende et 5,000 francs de dommages-intérêts.

Au cours de ce procès, deux lettres du général de Cissey, ministre de la guerre en 1876, ayant été produites pendant les débats, le général qui était chef du corps d'armée de Nantes se vit enlever son commandement. Couvert d'insultes par le *Petit Parisien* et l'*Intransigeant*, il les assigna à son tour et obtint aussi gain de cause.

Mᵐᵉ de Kaulla fut moins heureuse, quoique protégée par une loi mal faite.

De ces trois affaires successives, il demeura nettement prouvé que Mᵐᵉ de Kaulla, l'indigne femme du colonel Jung, aujourd'hui divorcé, était une espionne prussienne et qu'elle avait été la maîtresse du général de Cissey, que des descentes de police opérées chez elle n'avaient produit aucun résultat, mais que des tentatives avaient été très probablement faites par elle pour découvrir le secret de notre mobilisation et intervenir dans les marchés de notre intendance.

Un publiciste honnête et profond, M. Auguste Chirac, ajoute à ces renseignements la révélation que voici (1) :

« Quelle ne fut pas la stupéfaction lorsque, à l'occasion d'un procès scandaleux, on apprit qu'un espionnage prussien était organisé, à Paris, par des femmes ; qu'une certaine

---

(1) *Les rois de la République.*

baronne K... (Kaulla) avait surpris des secrets d'Etat à un brave général français pour les vendre à la Prusse; que M. de Girardin lui-même favorisait la création de salons cosmopolites dont ladite baronne K... était l'ornement.

« Ces faits divulgués amenèrent la dame en question à intenter à plusieurs journaux un procès en diffamation. Chose étrange! le journal qui prenait sa défense avec le plus d'acharnement était la *France*, alors dirigée par M. de Girardin. Ce dernier, toutefois, prétendait ne pas connaître la susdite baronne.

« Les faits prenaient un caractère tellement grave qu'une enquête parlementaire avait été décidée :

« Des témoins furent convoqués et, parmi eux, figure Mme Graux, femme du député de ce nom. J'ignore comment sa déposition est devenue publique. Toujours est-il que je l'ai sous les yeux; elle porte la date du 22 novembre 1880 et j'en extrais les phrases suivantes, qui concernent une dame de B***, amie de M. de Girardin, comme la baronne K***.

« Elle (Mme de B***), dit la déposition, voyageait pour le compte de M. de Girardin. A ce moment même — avril 1879 — elle arrivait de Berlin. Elle y avait passé une semaine et avait vu plusieurs fois M. de Bismarck, à qui elle avait remis, *de la part de M. de Girardin, un exposé confidentiel de l'état de notre armée.* Elle ajouta même que si la réorganisation de l'armée se poursuivait trop activement, M. de Bismarck saurait bien l'empêcher : il y a 100,000 hommes prêts à passer la frontière.

. . . .

« En avril, mai et juin 1879, vous trouverez dans *la France* des articles de M. de Girardin sur l'occupation probable de nos frontières de l'Est par 100,000 Allemands, et peut-être bien aussi dans *le Télégraphe*, vendu en secret, à ce moment-là, 40,000 francs pour trois mois à M. Portalis. »

M. Chirac n'ayant été poursuivi ni par Mme Georges Graux (Sylvanecte), ni par les héritiers de Girardin, ni par M. Portalis, il faut bien qu'il ait dit la vérité.

IX

Dès lors, la presse note presque quotidiennement des arrestations d'espions ; il suffit de feuilleter des collections de journaux pour y trouver de loin en loin des nouvelles de ce genre, tantôt sous forme d'article, tantôt sous forme de dépêches.

Jamais, nous le répétons, on ne trouve trace de répression, et c'est, cependant, durant cette même période qu'en Allemagne le lieutenant Tissot faisait ses trois années de forteresse et que Krazewski, le célèbre romancier polonais était poursuivi pour haute trahison.

Voici quelques-uns des extraits annoncés :
La plupart des journaux publiaient hier une dépêche de Reims annonçant qu'on avait arrêté, près de cette ville, un espion prussien surpris en train de lever des croquis d'un nouveau fort. D'autres individus de la même catégorie ont été remarqués en grand nombre aux environs de Langres, de Dijon et, en général, sur la frontière de l'Est.

La police de Reims a détenu administrativement un étranger arrêté devant le fort Bossu.

(Le Gaulois. — Samedi 28 février 1880.)

Sur la frontière d'Alsace, la semaine dernière, deux gentlemen prussiens, parlant très imparfaitement le français, sont descendus à Gérardmer (Vosges) à l'Hôtel de la Poste, où un grand nombre de familles françaises, appartenant à la haute société alsacienne, ont l'habitude de passer la saison d'été.

Munis d'un herbier, de livres et de cartes, les agents-touristes parcoururent les beaux environs de Gérardmer, ne prenant pas la peine de déguiser leur individualité, à tel point que l'un d'eux, le plus âgé, salua son hôtesse, M*me* X***, propriétaire de l'Hôtel de la Poste, par ces mots pleins d'à-propos : « Mon Dieu, comme votre fille a grandi depuis 1870! »

Il nous semble que le ministère de la guerre à Berlin devrait choisir, pour inspecter nos frontières et certaines localités, d'autres messieurs que ceux-là mêmes qui ont occupé ces localités les armes à la main.

(Figaro. — Août 1883.)

On signale de toutes parts la présence d'espions prussiens.

Il y a quelque temps, c'était à La Seyne, où un individu attirait l'attention des habitants par son existence énigmatique, expliquée ensuite par sa qualité reconnue d'espion.

Puis c'était en Algérie, où de prétendus voyageurs de commerce allemands s'introduisaient dans toutes les maisons, cherchant à se procurer des renseignements de toute nature.

Enfin ces jours-ci, à Lyon et dans les environs de cette ville, se sont abattus les enquêteurs suspects.

On affirme, en effet, qu'un officier supérieur allemand est depuis quelques jours à Lyon, occupé à parcourir les environs et à collectionner de nombreuses notes topographiques.

On ajoute même que sa présence n'est pas ignorée par ceux qui ont mission de savoir ce que cet étranger est venu faire dans cette ville.

Un sieur Stein vient d'être arrêté à Oullins, aux environs de Lyon, pour vagabondage. Cet individu, originaire de Berlin, sous prétexte de solliciter l'aumône, pénétrait dans les maisons et demandait des renseignements sur la localité et sur les habitants. On a trouvé sur lui pour environ 100 francs de monnaie allemande renfermée dans une ceinture de cuir, ainsi que des plans et des notes qui révélaient suffisamment le genre d'industrie auquel il se livrait sur le territoire français.

On signale d'Oran à la police de notre ville le départ pour Marseille d'un Prussien convaincu d'espionnage.

(*Sémaphore de Marseille.*— Décembre 1883.)

Avant-hier un meunier, revenant de faire sa tournée, rencontra un colporteur marchand d'images qui, paraissant fatigué, lui demanda l'hospitalité sur sa charrette. Arrivé à Fressine, le colporteur accepta un verre de bière que lui offrit son conducteur. Quelques gens du bourg, se trouvant là par hasard, trinquèrent avec les voyageurs.

On entreprit de lui délier la langue; chacun offre sa tournée; on le presse de questions et, l'alcool aidant, il finit par avouer qu'il sortait de l'armée allemande, qu'ayant montré une instruction militaire suffisante et assez de connaissance dans les langues russe, italienne, française, *on l'avait envoyé, après un service de trois ans, parcourir ces trois contrées pendant deux années consécutives pour reprendre ensuite son service avec le grade d'officier.*

Il avoue parcourir notre pays pour la première fois, mais muni d'une bonne carte d'état-major; il ne paraît pas embarrassé sur la connaissance des villages environnants dont il sait, du reste, parfaitement les noms et les places.

(Républicain de l'Ouest.)

X

Cependant la presse ne se bornait plus à enregistrer les faits d'espionnage, elle travaillait à en prévoir le retour.

Le journal *la France* est un de ceux qui ont le mieux mérité du pays à ce point de vue, et les campagnes, aussi courageuses que réitérées, de M. Lucien Nicot, contre les Allemands envahissants et en faveur de lois *nationales*, méritent la reconnaissance de tous les bons Français.

A mesure, d'ailleurs, que nous nous rapprochons de notre époque, la fréquence des arrestations redouble, les incidents se corsent, prennent un caractère plus inquiétant, affirment une situation tendue, une guerre muette qui prépare la guerre à coups de feu.

L'esprit public a par moments la fièvre.

On se passionne pour tous ceux qui semblent devoir affranchir la France du cauchemar bismarckien.

Le Chancelier en est arrivé à ce résultat véritablement prodigieux que le sentiment des foules, cette voix du peuple qui se trompe rarement, voit sa main dans tous les événements marquants de l'époque.

A tort ou à raison, l'imagination populaire lui attribue toutes les intrigues et tous les complots qui bouleversent l'Europe et l'Amérique.

En Angleterre, pense-t-elle, il fait agiter l'Irlande; en Autriche il pousse à la lutte les éléments tchèques et hongrois.

Dans les Balkans, il attise le feu pendant

qu'à Saint-Pétersbourg il organise des complots contre le Tzar.

En Amérique les chefs du parti anarchiste, ceux qui désolent Chicago et épouvantent Washington, sont des Allemands.

Bismarck n'aime pas les socialistes chez lui, mais il en favorise généreusement l'exportation.

En Italie il oppose le Vatican au Quirinal.

Belgique, Espagne, Danemarck et Norwège ne semblent pas échapper à son attention.

Ne comprend-on pas ces affolements en face du danger certain et immédiat que révèlent les arrestations presque quotidiennes des années 1885, 1886 et 1887?

Un seul petit fort de la frontière française est par deux fois honoré de leur visite.

Le fort de Servance est situé dans les Vosges dans une position stratégique de première importance pour la défense de notre frontière.

Il n'est donc pas surprenant qu'il ait reçu si souvent la visite de touristes curieux des choses militaires.

En septembre 1885 on aperçut, par une belle journée d'automne, deux messieurs d'un certain âge, suivis de deux jeunes gens qui examinaient l'escarpement et les bastions. Un moment même, ils les escaladèrent.

Le garde distingua leur manège et s'avança pour les interroger.

Ils répondirent sans embarras apparent qu'ils cherchaient le chemin de Saint-Maurice.

Le garde s'empressa de le leur indiquer et s'éloigna, mais sans renoncer à surveiller ces touristes à allures suspectes.

Au lieu d'aller rejoindre le chemin qu'ils venaient de déclarer qu'ils cherchaient, les voici qui escaladent à droite et à gauche, baragouinant à qui mieux mieux.

Le garde, qui ne les quittait pas des yeux, prit fantaisie de les entendre. Il s'approcha, et comme il savait l'allemand en vrai habi-

tant de la frontière, il comprit cette phrase :
« Par ici on pourrait monter à l'assaut. »

Il prévînt aussitôt son chef hiérarchique, le commandant du fort, qui lui enjoignit d'arrêter les trop curieux voyageurs. Ceux-ci parurent extrêmement surpris de se voir entourés de soldats.

Le plus âgé sortit une carte de son portefeuille.

C'était le général prussien commandant le corps d'armée de Mulhouse.

Il déclara que ceux qui l'accompagnaient étaient ses deux fils et son aide de camp.

On fouilla, comme bien on pense, les prisonniers.

Ils n'avaient sur eux aucuns papiers compromettants, mais seulement des cartes géographiques.

Le garde conduisit ses prisonniers chez le lieutenant qui commande le fort.

Celui-ci télégraphia à la place, afin de dégager sa responsabilité.

La place répondit :

« Reconduisez à la frontière. »

L'année suivante, un dimanche, le 29 août, un factionnaire surprenait sur les glacis du fort un homme qui prenait des notes sur son carnet, vêtu fort simplement d'ailleurs.

Certaines dépositions décrivent son costume comme celui d'un ouvrier; d'autres comme celui d'un touriste.

Le prisonnier, au moment où on l'arrêta, essaya de dissimuler son carnet.

On le fouilla en présence de M. Lorillard, commandant du fort; puis on l'interroga.

Il portait sur lui une somme de 5,000 francs, et on trouva dans sa poche une lettre adressée au colonel commandant le 103e d'infanterie, en garnison à Mulhouse.

Toujours Mulhouse!

Le prisonnier déclara qu'il avait, en effet, commandé le 103e d'infanterie, qu'il avait l'honneur d'appartenir à l'armée allemande et le regret d'être en retraite depuis 1872 et que, voyageant par les Vosges, il y prenait pour son seul plaisir des croquis militaires.

M. Lorillard maintint l'arrestation en présence de déclarations si justement inquiétantes.

Il fit traiter son prisonnier avec les égards accordés par les lois de la guerre à un officier supérieur qui aurait rendu son épée et télégraphie au général Kessler qui commandait à Belfort.

Le général Kessler en référa à son supérieur, le général Wolf, commandant en chef le septième corps d'armée.

Le lendemain une dépêche du général Wolf ordonnait la mise en liberté du prisonnier.

Le colonel allemand relâché remercia, de Planches-les-Mines, le commandant Lorillard des égards avec lesquels il l'avait traité.

Alors la *Gazette de l'Allemagne du Nord* entre en scène.

Suivant l'habitude, c'est elle qui va expliquer l'aventure.

Le prisonnier de Servance est un colonel saxon, M. Richard de Meerheimb, en retraite depuis 1872.

Poète et sentimental, il visitait les Vosges depuis six semaines et avait fixé, comme terme à ses excursions, l'ascension du Ballon d'Alsace.

Tandis qu'il faisait route vers cette cime, un guide lui a indiqué le ballon de Servance comme un point de vue pittoresque, et alors il a détourné sa promenade vers ce but nouveau.

En cheminant à travers la forêt, il s'est égaré et arriva ainsi à Servance, sans s'en douter.

La promenade sous les hautes futaies de chênes vosgiens l'invite à caresser la Muse. Son carnet contient, en effet, des vers, des effusions lyriques, des descriptions plus ou moins poétiques, plus ou moins réalistes.

Le colonel n'est, pour la loyale *Gazette*, qu'un doux rêveur de ballades qui note ses impressions de voyage à la queue leu-leu.

Mais le malheur veut que ce journal soit accompagné de croquis... Mnémotechnie, répond la *Gazette*.

Mais au-dessous des croquis, en un certain point du dessin, on lit le mot : bombardement !

La *Gazette* ne s'embarrasse pas pour si peu.

Bombardement, écrit-elle, ce mot n'ét ait qu'une simple indication mnémotechnique destinée à lui rappeler un épisode qui venait de se passer sous ses yeux : des touristes en gaieté venaient de faire une pile de leurs bouteilles vides et l'avaient ensuite démolie à coups de pierre. »

Bombardement ! qui voit là-dessous la moindre idée militaire est un triple sot.

Bombardement, c'est une scène d'idylle du XIXe siècle qu'un nouveau Gessner ne peut laisser passer sans la noter pour les Dorothées de sa chaste patrie.

Bombardement est délicieux.

Faut-il que les Allemands nous croient bêtes !

XI

Si nous passons à une autre frontière, nous constatons la répétition d'alertes analogues.

Le fort de Sainghin-en-Milantois est un des postes avancés de Lille.

Un gardien de batterie apercevait sur la fin de juin 1885 deux individus d'allure étrange qui rôdaient tout à l'entour des fortifications.

Marcel Dassonville — c'est le nom de ce gardien — est un homme intelligent, plein d'initiative et de méfiance.

Il soupçonna aussitôt ces inconnus et feignant de n'avoir rien vu pour mieux voir, il se hâta de monter sur un des points les plus élevés du fort.

De là il dominera, tout en restant invisible, les abords de la place.

Les deux inconnus ne semblaient pas moins désireux que lui de dissimuler leur présence.

Ils s'étaient installés dans un champ de trèfles, sur la lisière du champ et cachés par une bordure de blé. Là les mystérieux fureteurs déroulèrent des plans sur lesquels ils se mirent à inscrire des annotations.

M. Marcel Dassonville n'en attendit pas davantage.

Il descendit en hâte de son poste d'observation et, rampant à son tour dans les blés, il arriva, sans être vu, droit sur les étrangers et surgit brusquement devant eux.

En même temps, trois soldats détachés au poste du fort cernaient les espions qui furent conduits devant le maire de la commune.

C'était un certain M. Bourgeois, conseiller général, qui s'empressa de les remettre aux gendarmes.

Les deux espions étaient, l'un d'origine belge, l'autre d'origine allemande.

On trouva sur eux nombre de croquis, un plan annoté en allemand d'un des forts de Lille et une carte de l'arrondissement minutieusement annotée, elle aussi.

La fréquence de ces alertes amena bien vite une campagne de presse.

« A l'étranger, écrivait le *Petit Journal*, il y a des lois qui punissent l'espionnage ; en France il n'y en a pas. »

« Ceci nous amène, disait à son tour M. Lucien Nicot, à qui revient, je le répète, le mérite principal de la campagne anti-allemande soutenue ces dernières années par *la France*, cela nous amène à réclamer une fois de plus le vote d'une loi à la fois énergique et libérale sur les étrangers.

« Nous ne demandons certes pas, comme

on commence à le faire en Allemagne, l'expulsion en masse de tous ces parasites qui viennent, bien qu'animés de tout autre sentiment que la sympathie, faire aisément fortune chez nous à l'abri de nos lois trop douces, au détriment de nos compatriotes supplantés.

« Les révoltantes injustices et l'ingratitude des nombreux peuples pour le bien desquels nous avons si longtemps et si souvent répandu notre sang et donné notre or, ne nous ont pas fait perdre nos vieilles habitudes hospitalières. Mais si l'hospitalité est une bonne chose, il serait fou et dangereux de la pousser à l'extrême, comme nous sommes trop portés à le faire.

« Pourquoi, par exemple, alors que nos voisins les Allemands, les Italiens et les autres ont des lois fort dures et, disons-le, fort justes au sujet des étrangers surpris en flagrant délit d'espionnage, pourquoi n'avons-nous pas, nous aussi, ces lois protectrices qui nous pourraient permettre de débarrasser les camps retranchés de nos frontières de la foule des étrangers suspects, auxquels l'impunité donne parfois une audace indicible? »

XII

Présenter une loi était, parait-il, chose fort difficile, car le ministère ne s'y décidait pas. M. Nicot revint à la charge de plus belle, le 12 août.

« Il faut bien savoir que chez les autres peuples, lorsqu'on prend en flagrant délit d'espionnage les agents intimes de M. de Bismarck, on ne se montre ni aussi patient, ni aussi indulgent qu'en France.

« En Russie, à Iakobstadt, on vient d'arrêter un sieur Kruskow, officier de réserve dans l'armée prussienne, au moment où il était en train de lever des plans ; on a appréhendé au corps cet agent zélé de la Prusse et on l'a reconduit jusqu'à la frontière sans autre forme de procès.

« En Italie, un pareil fait eût motivé une condamnation à plusieurs mois de réclusion dans une enceinte fortifiée. Le fait s'est produit.

« Pourquoi nous montrerions-nous plus tendres que les autres ? Est-ce parce qu'au lieu de faire partie de la réserve, les espions qui viennent chez nous font seulement partie de la vieille garde ?...

... « Du reste si l'on trouve que cette besogne est indigne de la police de sûreté, on peut en charger la police des mœurs.

« Elle ne sortira pas de ses attributions. »

Dès lors on se prit à étudier la législation passée, pour examiner plus savamment, ensuite, les compléments qu'il y avait lieu d'y apporter.

A propos de l'arrestation en Italie de Vecchi

et des Dorides, accusés d'espionnage, la *France* regrettait que de pareilles mesures ne soient prises chez nous contre les étrangers.

« La Chambre qui va venir siéger au Palais-Bourbon aura beaucoup à faire. Mais parmi toutes les lois dont elle devra doter le pays, celle qui permettra de sévir contre les espions étrangers est une des plus importantes et des plus pressées... »

Et quelques jours après le même publiciste reprenait sa plume de bataille.

« L'État est désarmé contre les espions, car dans la section du Code pénal (art. 75 à 85 inclusivement) qui a trait aux crimes et aux délits contre la sûreté de l'État, il est dit :

« Art. 76. — Quiconque aura pratiqué des machinations ou entretenu des intelligences avec des puissances étrangères ou leurs agents pour les engager à commettre des hostilités ou à entreprendre la guerre contre la France, ou pour leur en procurer les moyens, sera puni de mort. »

« Cet article est bien clair; il ne parle que des machinations ayant pour but d'amener la guerre.

« Art. 77. — Sera également puni de mort quiconque aura pratiqué des manœuvres ou entretenu des intelligences avec les ennemis de l'État, à l'effet de faciliter leur entrée sur les territoire et dépendances de la République ou de leur livrer des villes, forteresses, places, forts, magasins, arsenaux, vaisseaux, etc... »

« Cet article parle des « ennemis de l'État » c'est-à-dire ennemis extérieurs, individus appartenant à une puissance qui se trouve en guerre avec la France.

« Art. 81. — Tout fonctionnaire public, tout agent, tout préposé du gouvernement chargé, à raison de ses fonctions, du dépôt des plans de fortifications, arsenaux, ports ou rades, qui aura livré ces plans, ou l'un de ces plans, à l'ennemi ou aux agents de l'ennemi, sera puni de mort. »

« Toutes ces dispositions sont très nettes; elles ont toutes trait, d'abord à des sujets français, ensuite à une situation qui ne se produit que lorsque la France est en état d'hostilité avec une autre puissance.

« Il n'est nullement question dans tout cela des sujets étrangers que l'on surprend en flagrant délit d'espionnage sur un point quelconque du territoire de la République, alors que la France est en paix avec la nation à qui appartiennent les espions.

« En Italie, en Allemagne surtout, il en est différemment. Dans ces deux pays, il existe une loi relative à la haute trahison qui permet à chacun d'eux de se protéger contre les espions étrangers.

« C'est en vertu de cette loi qu'un de nos compatriotes, M. Tissot, commandant de l'armée territoriale, a été condamné, il y a quelques années, à une longue détention, bien que, dans ce cas spécial, le crime d'espionnage n'ait pas été prouvé. »

XIII

En même temps, on envisageait une autre face de la question.

« Certes, écrivait M. Edmond Lepelletier, dans une de ses brillantes chroniques du *Mot d'Ordre*, certes ces balayeurs germaniques qui encombrent les services de la municipalité parisienne, ces colporteurs au jargon bizarre qui circulent, la balle sur le dos, entre les villes frontières, ces faux touristes à voiles verts et à sacoches qui braquent des télescopes longs comme des pièces d'artillerie sur nos forteresses, ces paisibles botanistes qu'on pince herborisant toujours et comme fatalement attirés par une force stratégique spéciale sur les glacis des remparts et dans les fossés des ouvrages en construction sont dangereux, et partout où leur présence est signalée il faut ouvrir l'œil et tâcher d'obtenir l'intervention de l'autorité militaire et de la police...

« Les espions civils, continuait-il, employés, domestiques, courtiers, bureaucrates, placiers, garçons de café, brasseurs, filles publiques, bonneteurs, balayeurs, camelots, hommes de peine et aussi vidangeurs, moissonneurs, terrassiers, musiciens ambulants parcourant les campagnes en faisant le jour danser les filles au son du violon sur la place de l'église et le soir jaser les hommes au cabaret, rendent de quotidiens et sérieux services, bien plus utiles que le plan d'une forteresse ou l'inventaire d'un arsenal...

« C'est à cet espionnage non militaire, à cet espionnage de nos mœurs, de nos paroles, de nos actions, presque de nos pensées, que nous sommes soumis quotidiennement...

« C'est là que gît le danger ! »

« A côté des espions avoués et patentés, disait longtemps avant M. Nicot dans *la France*, à côté des espions avoués et patentés que l'Allemagne entretient chez nous et dont les noms ont été mille fois cloués au pilori et voués au mépris public, il existe toute une catégorie d'agents secrets que nul ne soupçonne, qui *travaille* en pleine liberté et dont personne ne se défie, tout simplement parce que ce sont des femmes.

« Toute une catégorie de filles, Alsaciennes suspectes, Suissesses de contrebande, Belges frelatées, sont employées à ce service d'espionnage.

« Certaines de ces créatures sont, il faut le reconnaître, aussi intelligentes que viles ; elles sont parvenues à se créer de nombreuses relations dans un certain monde. Souvent il n'y aurait pas besoin de rechercher ailleurs l'explication des bouleversements politiques sur lesquels les historiens pâlissent pendant des années sans en trouver le fin mot.

« Eh bien ! ces filles stipendiées par nos ennemis, la police les connaît.

« L'une d'elles, une des plus intelligentes et des mieux placées pour être bien renseignée, correspondante pour la forme d'un grand journal allemand, a été avisée des mesures qui allaient être prises ; elle reprend prudemment le chemin de son beau pays.

« Mais il faut qu'on balaye toutes les autres.

« Il faut qu'on chasse ces espionnes !

« Il faut qu'on nous en débarrasse sans perdre une seconde.

« La santé publique et la sécurité de l'État auront beaucoup à y gagner. »

A côté des filles, on signalait les saltimbanques, les musiciens forains.

« Il faut nous défendre, disait Théo-Critt (M. Théodore Cahu) dans un remarquable article de *l'Événement*; si les lois actuelles ne nous suffisent pas, il faut en faire d'autres; car nous ne devons pas revoir, comme avant la guerre, ces musiciens ambulants, ces bohémiens porteurs de longs cheveux filasse, l'air bon enfant, saluant tout le monde, le maire et les gendarmes, le curé et le garde champêtre, et parcourant le pays à pied, allant de village en village, de ville en ville, pour connaître tous les chemins, tous les sentiers, afin de servir ensuite de guides aux armées allemandes en cas d'invasion. »

Tout le bas-fond social fournit des compères à l'armée de l'espionnage.

Les Juifs cosmopolites n'ont garde d'oublier leur ami Bleichroëder : de tous les coins de notre territoire ils lui fournissent les renseignements qui peuvent servir son ami Bismarck, et, d'amitiés en amitiés, la vente de la France se fait en détail. *C'est oune pedide avaire:*

A l'heure actuelle, tout leur désir est d'empêcher l'alliance franco-russe.

« Les fils d'Israël comprennent la difficulté

qu'ils auront à livrer à l'Allemagne cette marchandise qu'ils appellent la France, s'ils ne peuvent nous aliéner la Russie. Ils travaillent aujourd'hui dans ce but, sachant cependant que la Russie est notre alliée naturelle, que nos intérêts sont les mêmes, enfin qu'elle déteste les juifs et qu'elle les chasse; mais ils ne désespèrent jamais, bercés par l'espoir de surmonter tous les obstacles grâce à leur hypocrisie (1). »

Les juifs allemands font d'ailleurs à la France plus de mal qu'il n'en pourrait résulter du seul espionnage.

J'ai parlé d'Erlanger.

Il est né à Francfort.

C'est un renégat du judaïsme qui exploite le gogo français depuis vingt ans et plus.

Il a trois titres.

Il est baron, banquier et consul général de Grèce.

(1) *L'Algérie Juive*, par Georges Meynié.

On l'a fait chevalier de la Légion d'honneur afin que l'honneur brille sur sa poitrine.

Ses actionnaires et les tribunaux ont jugé qu'il ne pouvait briller ailleurs.

Malgré l'ironie de cette croix, j'estime qu'elle pouvait être mieux placée que sur ce qui sert de cœur à cet archi-millionnaire boursicotier.

Le *Comptoir d'Alsace*, l'*Emprunt Confédéré*, l'*Emprunt de la Ville de Madrid de 1868*, les *Emprunts tunisiens*, la *Banque de la Nouvelle-Calédonie*, les *Phosphates de l'île de Sombrero*, le *Palais d'Auteuil*, l'*Hippodrome*, les *Charbonnages rhénans*, les *Plâtrières de Paris*, les *Mines de Bingham*, les *Moulins de Corbeil*, tels furent ses glorieux champs de bataille.

Erlanger coûte à l'épargne française plus de **202 millions.**

Hirsch, son compère, châtié en la personne de ses fils, morts successivement à la fleur de l'âge, est si cosmopolite qu'on ne sait fixer le lieu de sa naissance.

Sa fortune est de plus vieille date que celle d'Erlanger. Aussi, plus prudent, ne commandite-t-il pas les journaux ¦ d'espionnage allemands.

Ce trio néfaste s'est ainsi partagé la besogne.

Erlanger ruine notre épargne et mine notre crédit en encombrant le marché parisien d'affaires véreuses, d'entreprises d'un insuccès certain, outrageusement majorées au cas même d'un hasard favorable.

Hirsch tripote plus habilement, en homme qui a un passé de bonne chance et qui sait prendre son temps.

Il évitera toujours les tribunaux où ne sombrent que les naïfs, les malins s'en tirant avec une simple flétrissure.

Bamberger nous prend ruinés et nous prête. *Il nous rend service : il se donne des titres à notre reconnaissance.*

Il accomplit les prodiges de placement que notre épargne meurtrie ne pourrait réaliser.

De la sorte le tour est complet.

Ruinés par le faiseur, nargués par le malin, secourus par le roublard !

Celui-ci encore nous coûte *bon*.

Il ne coûte pas qu'à la France.

Il fut assez maladroit pour contraindre un ambassadeur à se brûler la cervelle dans une vespasienne de l'avenue Marceau à la fin de 1882. Mais il est beau joueur et grand-officier de la Légion d'honneur.

Il se dit à l'occasion admirateur forcené d'Alexandre III.

Son beau-frère, Bamberger, n'est pas Allemand, mais Belge à Paris.

En réalité, ce tripoteur est né en Prusse.

Il est non moins décoré de la Légion d'honneur que les précédents, pour la part glorieuse qu'il a prise à l'emprunt pour la libération du territoire.

Il y a gagné quelques millions, mais encore une fois c'est un *pon Vrançais*.

XIV

Votée en mars 1886 sur la proposition du général Boulanger, la loi sur l'espionnage n'a pas encore été appliquée.

Or, depuis le 1ᵉʳ janvier 1887, la politique allemande de 1875 a repris sa marche lente, mais sûre, quelque déconcertée qu'elle soit par le sang-froid de la presse et du pays tout entier.

C'était au lendemain des déclarations pacifiques faites à l'Hippodrome, à l'assemblée de la Société de sauvetage, par le seul membre du cabinet en qui l'on personnifiât les idées de revanche, le général Boulanger, ministre de la guerre. La *Gazette de la Croix* annonça que, « munie dès le printemps des nouveaux fusils à répétition, *l'Allemagne pourrait attendre tranquillement tous les événements.* »

Le même jour le président du conseil n'était pas moins net :

« Nous voulons la paix, nous en avons besoin, non seulement pour les affaires mais aussi pour achever de faire fonctionner régulièrement dans ce pays le régime de liberté et de démocratie que nous avons fondé.

« Nous voulons la paix, nous l'avons assez dit pour qu'il soit inutile de le répéter désormais. Personne ne peut douter de notre sincérité et certainement personne n'en doute.

« Ce qui est vrai, c'est que l'Europe tout entière vit sur le pied d'une sorte de paix armée et qu'un tel état de choses suffit à expliquer à certains moments les préoccupations de l'opinion publique. Cet état de choses existe, il ne dépend pas de nous de le faire cesser. *Le gouvernement n'a aucune raison de croire que la guerre doive en sortir : il espère fermement qu'elle n'en sortira pas. Toute sa politique est dirigée dans cette vue.*

« Cependant, c'est là une éventualité qu'une grande nation comme la nôtre, douée de la vitalité et de l'énergie qui n'ont jamais abandonné la France, après quinze années d'efforts et de travail pour la reconstitution de sa force militaire, peut et doit envisager avec sang-froid. »

Grand branle-bas de la discussion de la loi militaire, des élections allemandes.

La Bourse est disloquée chaque semaine par une coalition judaïco-allemande qui reçoit le mot d'ordre de Berlin;

Dans les foules, à Paris, on commente la dégringolade des fonds publics.

En province, on est convaincu que l'heure des sacrifices va sonner de nouveau. Chacun se prépare.

Le langage des journaux est modéré, réservé, à une ou deux exceptions près.

« A mesure que le péril grandit, écrit l'auteur d'un livre fort bien fait (1), M. Léon Goulette, les caractères se trempent.

« Les gens les plus pacifiques arrangent leurs affaires sans bruit, afin d'être prêts à tout événement. Si l'Allemagne veut la guerre, qu'elle commence ! Elle trouvera à qui parler. Dans les ateliers, dans les cafés, dans les réunions d'amis on s'interroge mutuellement : « Où es-tu ? — A Langres, et toi ? — Moi, à Verdun. — Mes compliments, tu seras de la première fournée.

« Ce dialogue, si terriblement clair en sa simplicité, on l'entend mille fois dans un jour. On sort les vieux uniformes de réserviste ou de territorial. On passe l'inspection des chaussures, les cavaliers graissent leurs bottes... La fièvre est universelle, mais elle

---

(1) *Avant, pendant et après l'affaire Schnoebelé*, documents recueillis au jour le jour.

n'amène aucun éclat fâcheux : seulement, on veut savoir.

« Les journaux se vendent comme du pain. Tous recommandent la fermeté et la patience. On compte les jours qui nous séparent du 21 février. Après, on verra ! Si véritablement toutes ces alarmes ne sont fomentées par M. de Bismarck que pour obtenir sa majorité, il nous laissera peut-être tranquilles ensuite ! Et l'on vit tout de même, cahotés, brisés, la tête ébranlée par tant de secousses, mais le cœur vaillant.

« Il y a des heures de joie et d'espérance :

« Le 10 janvier, la veille du grand discours de M. de Bismarck au Reichstag, une dépêche apprend qu'un riche habitant de Moscou, M. Haritonenko adresse au général Saussier une *bratina* (marmite) symbolique, couchée dans un magnifique écrin, en reconnaissance des paroles sympathiques pour la Russie prononcées par le gouverneur de Paris aux obsèques du général Pittié. La presse publie la lettre qui accompagne ce cadeau. On y voit un gage de l'amitié russe.

« Il y a les heures d'indulgente ironie :

« Le 12 janvier le député socialiste révolutionnaire Antide Boyer et le respectable mais rêveur député Frédéric Passy déposent une proposition de désarmement. Voilà des gens qui choisissent bien leur temps ! Un organe de droite, *le Gaulois* soutient une thèse analogue et n'obtient pas plus de succès. Il s'évertue vainement à prouver que l'état de paix armée est aussi ruineux que la guerre. Il prêche à des convertis. Nous ne demandons pas mieux que de désarmer, mais que MM. les Allemands commencent !

« Il y a les jours de colère méprisante :

« Le 12 ou le 13 janvier, un journal du soir (1) dénonce un complot espagnol, avec le concours de Bazaine. Ledit Bazaine, après un voyage sur la frontière des Pyrénées, au-

---

(1) *La France.*

rait écrit un livre stratégique, *l'Hypotésis*, contenant tout un plan d'invasion de la France. Quoi, encore cet homme ? N'a-t-il pas fait assez de mal à la patrie ? Qu'il crève dans son coin comme un chien qu'il est.

« Renseignements pris, *l'Hypotésis* est un ouvrage vieux de quatre ans et plutôt favorable à la France, puisqu'on y expose qu'aucune cause de querelle n'existe entre la noble nation espagnole et la puissante nation française.

« Il y a les jours d'indignation contenue :

« Dans la nuit du 18 au 19 janvier, la police lyonnaise a arrêté deux espions qui avaient tenté de séduire un chasseur à pied en lui offrant 20,000 fr. en échange d'un fusil nouveau modèle. Cette nouvelle, annoncée par *le Paris* et reproduite par tous ses confrères, prend les proportions d'un événement. — Nous ne voulons pas faire d'esclandre, mais en voilà assez, à la fin ! Déjà, l'an dernier, on surprenait à Belfort un colonel allemand en flagrant délit d'espionnage et le gouvernement a été assez bonasse pour le relâcher. Cette fois, il n'en sera plus de même!

« Puis, les jours de bourrasque :

« Le 24 janvier, grosse émotion et forte panique à la Bourse sur la nouvelle venue de Londres que le *Daily News*, organe du parti libéral, généralement bien informé, vient d'annoncer que la guerre entre l'Allemagne et la France serait imminente. »

Alors les nouvelles se précipitent, malgré les démentis, et les canards de circuler.

L'Allemagne interdit l'exportation des chevaux.

La Russie interdit l'exportation des chevaux.

Dégringolade à la Bourse.

On signale plus nettement à Lyon la présence d'officiers allemands. Ils ont vraiment proposé vingt mille francs à un soldat pour son fusil et ses cartouches nouveau modèle.

Le soldat se nomme Pecherie, c'est un chasseur à pied.

Les Allemands ont disparu.

On les cherche.

On en a trouvé un.

On ne l'a pas trouvé.

Silence !

L'affaire de Lyon était exagérée. Il s'agissait simplement d'une sale affaire de mœurs.

Vraiment !

Ces espions étaient des H..... au petit pied comme l'illustre porteur de ce nom, qu'ambassadeur à Paris, la préfecture de police faisait filer pour qu'il ne fût point cueilli *flagrante delicto* par les agents des mœurs !

Non, les espions reviennent sur l'eau. On les a expulsés, faute de preuve.

On parle de l'envahissement de la Belgique par les Allemands en cas de guerre.

« Pour beaucoup de Messins, lit-on dans le *Journal de la Meurthe et des Vosges*, la guerre est imminente. Les Allemands entretiennent soigneusement dans Metz une grande agitation.

« La troupe est sans cesse tenue sur le qui-vive. On procède tous les jours à des embarquements de chevaux dans les wagons, les officiers s'en vont partout chez les commerçants, agitant le spectre du général Boulanger qui veut la « revanche ». D'autre part, on a réquisitionné dans les environs de Metz un millier d'ouvriers que nous avons vus la pelle et la pioche sur le dos, se diriger du côté du fort de Plappeville.

« Les Messins, qui se rappellent avoir souffert de la faim pendant le siège de 1870, font d'immenses provisions, et entassent les vivres dans leurs caves. »

En attendant, la Russie multiplie ses témoignages de sympathie.

« Le *Nouveau Temps* annonce qu'un groupe de patriotes russes de Saint-Pétersbourg vient d'envoyer un sabre d'honneur au général Boulanger.

« D'un côté, la lame porte cette inscription en langue française :

Qui vive? La France et Boulanger!

De l'autre côté la lame porte une inscription russe dont voici la traduction : *Ose! Dieu protège les hardis!*

Enfin sur la garde, on lit la dédicace : *Au plus digne! — Février 1887. — La Russie.*

Le sabre est de forme cosaque.

Le fourreau est orné d'arabesques or et argent.

Le baudrier, très riche, est de drap d'argent. »

Les journaux ont raconté, entre temps, l'arrestation à Bordeaux d'un soldat qu'on croit acheté par les Allemands.

A Paris, on s'entretient tout bas, puis tout haut de l'affaire Ayrolles.

Ayrolles est un employé du ministère de la guerre, un subalterne, qui chaque jour se rendait de 8 heures à 8 heures et demie chez un attaché militaire de l'ambassade allemande M. de Huehne. Celui-ci déclare qu'Ayrolles est un ami.

Étrange, cette amitié entre cet officier et un pauvre diable !

Les Allemands ne s'arrêtent point pour si peu.

C'est invraisemblable, qu'importe !

XV

Complot avorté contre le Tzar à Saint-Pétersbourg.

Paris s'émeut bien plus que si le complot visait le Président de la République.

Les journaux allemands se vantent du rôle joué par la presse allemande dans ces circonstances. Cette pauvre police russe ne s'en serait jamais tirée toute seule, semblent-ils dire. C'est grâce aux indications de la police berlinoise qu'on a éventé l'affaire.

La *Gazette de Moscou* redouble d'ardeur

contre l'Allemagne. M. Katkoff déclare que le complot était connu à Berlin, en effet... il n'en dit pas plus. La réticence est éloquente.

La Russie, affirme-t-il, y voit net dans la politique européenne : on ne la dupera pas.

« L'accord conclu en 1881 et renouvelé en 1884, connu sous le nom de *triple alliance*, expire à la fin du mois.

« Ses résultats, en tous points funestes à la Russie, sont surtout tangibles en Bulgarie, mais ils répondent au but de la politique allemande.

« Il va de soi que le prince de Bismarck s'efforce d'obtenir le renouvellement de cet accord, *et c'est l'Autriche que le Chancelier a chargée d'amener la Russie à y souscrire* à l'aide d'un compromis en Orient.

« Des ouvertures en ce sens ont été faites. Mais la Russie, appréciant justement sa position actuelle d'arbitre de la paix européenne, qui résulte de sa liberté d'action, se gardera bien de tout engagement séparé. »

Silence des reptiles.

L'affaire Schnæbelé exaspère la France.

« Nous avons noté que l'article de la *Post :* « Sous le tranchant du couteau » n'avait porté que le lendemain. Répandu à cinq heures, le 2 avril, il n'avait que médiocrement intéressé la petite Bourse tenue au hall du Crédit Lyonnais. L'arrestation de M. Schnæbelé tombait au contraire en plein marché et les princes de l'agio, avertis à temps, donnèrent le signal de la dégringolade. Cependant on doutait encore : le 3 pour 100, rétrogradé de 81,35 à 80,95, remontait de cinq centimes vers deux heures.

« Le lendemain, on ne doutait plus. Le frisson avait passé. La nation entière bondissait sous l'outrage, l'Europe stupéfaite se tâtait, les journaux anglais eux-mêmes désapprouvaient le guet-apens. Aussi la Bourse s'aperçoit enfin que l'heure n'est plus aux plaisanteries :

« Nos fonds publics et les principaux titres qui se négocient sur notre place ont été autrement agités. Dès l'ouverture du parquet, il s'est produit des ordres de vente au mieux, qui n'ont pu être effectués, et ces ordres, se succédant sans interruption sans rencontrer des contre-parties suffisantes, ont eu pour effet d'accélérer le mouvement de baisse sur la rente comme sur les valeurs.

« Ce ne sont plus seulement des réalisations, mais aussi des ventes de spéculation que le marché a eu à supporter, et qui ont tout d'abord porté sur le 3 pour 100, ainsi que sur l'Italien, les deux fonds sur lesquels existent, en ce moment, les plus grosses positions.

« Le 3 pour 100 avait fermé hier à 80,90; mais dès l'ouverture, il s'est vu offert à 80,80, sans trouver preneur; et les offres se multipliant dès lors, au milieu d'une extrême agitation, ont rapidement précipité la rente à 79,80.

« La chute n'a pas été moins accentuée sur

l'Italien, qui, après s'être tenu, un moment, aux environs de 98,30, a été l'objet d'offres nombreuses et suivies, qui l'ont fait tomber sans résistance à 97,20.

« Il va sans dire que l'ensemble du marché s'est ressenti plus ou moins des mauvaises dispositions de la place. Nos grandes Sociétés de crédit et nos Chemins de fer ont dû, comme le reste, payer leur tribut à la baisse (1). »

Dans la foule on est calme. On ne se jette pas sur l'ambassade allemande comme le firent les Madrilènes lors de l'algarade des Carolines : mais dans la poitrine de tous, les cœurs bondissent.

Supportera-t-on ces insultes ?

Et M. de Huehne, l'attaché militaire allemand, qui est toujours à Paris. Et Cramers et Beckmann qui hantent toujours le boulevard. Que font les ministres qui se *baladent* en Afrique.

(1) Bulletin de Bourse du 22 avril du journal *Le Temps*.

7.

— Nous n'avons pas de gouvernement, disent les petits bourgeois.

— Nous n'avons pas de gouvernement, clament les ouvriers.

— Nous n'avons pas de gouvernement, constatent les classes dirigeantes... Vous avez cassé le joujou..... pourvu qu'il puisse de nouveau agiter ses bras.

Les plus pacifiques n'hésitent pas.

La guerre, ce sera le mieux.

On sera ruinés.

La guerre, c'est la faim.

On se brossera le ventre.

La guerre, c'est la mort.

On mourra.

Puis une panique... on pâlit. On s'observe, on se compte.

— Fermez les portes !...

— Certes, il n'y a pas de gouvernement... mais si peu qu'il y en ait, il agirait si l'on pouvait agir... On n'est peut-être pas prêt.....

Et les cheveux se hérissent sur la tête à la pensée de l'invasion possible.

Eux encore !

Cela non !

D'abord, il y a la Russie...

Et puis, si la Russie se tait, eh bien, tant pis ! Les vieux et les jeunes prendront le *flingot*.

— Ça n'y fait rien ! L'imbécile, qui a blessé Bazaine, aurait mieux fait de faire le voyage de Berlin que celui de Madrid !

— Nous sommes perdus !

— Nous sommes sauvés !

— C'est l'Empire qui nous a coulés !

— Ce sont ces cochons de Républicains !

— Canaille de Ferry !

— Boulanger ! Boulanger ! Boulanger !

A Marseille, on a arrêté un espion allemand porteur de plans et cartes de différents forts français.

A Épernay on a arrêté un individu porteur d'une carte de blocus de Paris, avec indication de la portée des canons Krupp, et d'un carnet contenant le plan topographique des défilés de la Woëvre, de l'état des routes, des sentiers, canaux, rivières, ainsi que de la situation des bourgades de nos frontières de l'Est.

Cet individu, qui est Allemand, a été remis entre les mains du procureur de la République qui l'a fait écrouer.

« L'affaire sera-t-elle encore étouffée ? » dit *l'Événement*.

Tout le monde est d'accord.

— On ne peut pas jouer le *Lohengrin* en ce moment, disent les wagnériens.

Ceux qui niaient la patrie la retrouvent au fond de leur cœur.

« Pour un mot injurieux qui n'attente qu'à l'honneur personnel, écrit Félix Pyat dans le *Cri du Peuple*, l'individu se bat en duel, risque sa vie et l'avenir des siens, femme et enfants !...

« Et pour un outrage à la France, une atteinte à l'honneur, à la vie de la nation, à son indépendance, à sa souveraineté, nous fléchirions !

« Qu'est-ce que la personnalité auprès de la nationalité ?

« Qu'est-ce qu'un individu à côté d'un Peuple ?

« Ne soyons pas moins citoyens que chevaliers. Aux armes pour tous comme pour un. »

M. le comte de Waldersée, quartier-maître de l'état-major allemand et chef du bureau des *Renseignements* (c'est-à-dire de l'espionnage), parcourt l'Alsace-Lorraine en grand équipage.

Enfin M. Schnæbelé est relâché.

Nouveau calme.

L'espionnage reprend son cours.

Depuis quelque temps des espions prussiens circulent dans les environs du Creuzot ; les uns sont habillés comme les habitants des campagnes avec la blouse bleue et tiennent les foires et marchés de la région.

D'autres, en commis-voyageurs, ne circulent que sur les lignes de chemins de fer et fréquentent plus spécialement les compartiments où se trouvent des militaires qui vont en congé ou rejoindre leur corps.

Un de ces espions a été remarqué sur le port de l'administration des mines de Blanzy relevant des notes. La gendarmerie a été prévenue. L'Allemand a pris la fuite.

La police de Dijon vient d'arrêter à Dijon le nommé Camille Hassler, âgé de vingt-huit ans, soupçonné d'espionnage.

Sous prétexte d'acheter un fonds de commerce, il visitait la ville et les environs en compagnie d'un autre Allemand nommé Schiter, qui a disparu.

Hassler a été trouvé porteur d'un porte-monnaie bien garni et de papiers établissant qu'il a servi dans le 130ᵉ de ligne prussien.

Enfin son carnet contenait les adresses des Alsaciens habitant Dijon.

On lit dans le *Novoié Vrémia* du 21 mai :

« On parle beaucoup à Saint-Pétersbourg d'un incident assez curieux qui a mis en scène le chasseur de l'ambassade de France. Au dernier bal donné par la colonie française de Saint-Pétersbourg, bal auquel assistait M. Laboulaye, le chasseur de ce dernier s'est trouvé engagé dans une querelle assez vive avec des agents de police. Le commissaire de police s'étant informé du nom et de la nationalité du chasseur, celui-ci refusa de donner les explications demandées. L'ambassade de France ayant appris ce qui se passait se mit avec empressement en devoir de fournir à la police les renseignements qu'elle désirait; mais au grand étonnement de l'ambassadeur, personne, à l'hôtel de l'ambassade, n'avait la moindre notion sur la nationalité de cet individu, qui fut congédié immédiatement. Nous avons tout lieu de croire que ce chasseur est d'origine allemande, et que non seulement il parle l'allemand, mais qu'il l'écrit très bien. »

Tous les journaux insèrent la note que voici :

« Une intéressante découverte :

« Lors de l'échouement de la *Champagne*, tous les bagages des passagers et émigrants, sans exception, avaient été embarqués à bord d'un remorqueur qui les avait apportés à la tente de la Compagnie.

« La majeure partie de ces bagages ont été réclamés, mais quelques valises et trois ou quatre malles ayant appartenu à des passagers qui se sont noyés sont restées sous la tente.

« Afin de savoir quels avaient été les propriétaires de ces bagages, on vient de faire ouvrir les valises et les malles.

« Toutes contenaient des objets usuels de voyageurs : linge, vaisselle, vêtements, etc.

« Mais dans l'une de ces malles, on a fait une singulière découverte.

« On a trouvé une carte d'état-major mesurant plus de deux mètres de longueur, et sur laquelle toutes nos places fortes, fortins, forts, etc., étaient relevés avec une scrupuleuse exactitude. Le nombre des troupes, l'armement, les côtes accessibles, tout ce qu'il était utile de connaître en temps de guerre, était relevé soigneusement sur cette carte, qui a appartenu sans doute à un espion.

« Différents autres papiers ont servi, du reste, à établir l'identité de l'espion auquel appartenaient tous ces documents.

« Cet individu était de nationalité allemande. On suppose qu'il a été noyé dans la catastrophe. »

Un individu, que l'on croit espion allemand, a été remarqué sur le port de l'administration des mines de Montceau, relevant des notes sur un calepin. La gendarmerie, aussitôt avertie, s'est mise à faire d'actives recherches ; malheureusement l'espion, qui avait achevé sa besogne, n'a pas été arrêté.

A Spincourt un inconnu est arrêté sous la prévention d'espionnage et conduit, dans la nuit, à Montmédy. Pour se disculper, l'individu arrêté chercha à se faire passer pour un amateur désireux de se rendre compte par lui-même du plan de la future bataille de Spincourt, publié, il y a quelque temps, par un journal de Paris. Mais les renseignements inscrits au moyen d'une sorte de sténographie conventionnelle entre les jambages de lettres de son cahier de notes empêchèrent la gendarmerie d'ajouter foi à ses allégations. Lesdites notes portaient, entre autres choses, qu'il faudrait, le cas échéant, placer un corps de troupes derrière les murs de la propriété située à l'entrée du village conduisant à Étain.

Relâché, le malheureux, qui est Français, réclame et *la Justice* insère la note que voici :

« Nous avons reçu hier la visite de M. X..., qui, arrêté il y a quelques jours à Spincourt, sous l'inculpation d'espionnage, a été remis en liberté par le procureur de la République de Montmédy, à la disposition duquel il avait été mis par la gendarmerie de Billy-lez-Mangiennes.

« M. X..., qui est Français et appartient à une grande administration dont les étrangers sont exclus, déclare n'être allé à Spincourt que dans le but d'étudier sur place et pour son instruction personnelle, le champ de la future bataille, racontée dans la brochure allemande *Die erste Schlacht* et réfutée dans la brochure française *La bataille du 18 août 18...*

« M. X... qui a fait nuitamment, entre deux gendarmes et les menottes aux mains, une étape d'environ quarante kilomètres, se montre naturellement fort marri de sa mésaventure, et ce n'est pas sans une certaine amertume qu'il parle de M. le juge de paix de Spincourt qui a, selon lui, agi tout au moins avec légèreté et précipitation.

« Nous comprenons son mécontentement, mais il ne nous est guère possible de partager son opinion au sujet de l'attitude du magistrat qu'il incrimine.

« On ne saurait, en effet, prendre trop de précautions sur la frontière.

« Or, sa situation d'étranger au pays, ses allées et venues, la carte d'état-major, les brochures française et allemande dont il était porteur, enfin ses notes entièrement relatives à la future bataille de Spincourt, et en partie sténographiées, suffisaient amplement, à ce qu'il nous paraît du moins, pour mettre en éveil l'attention du juge de paix de Spincourt et motiver un ordre d'arrestation.

« Tout le monde a donc fait son devoir dans cette affaire, y compris le procureur de la République de Montmédy, qui, reconnaissant l'erreur des gendarmes de Billy, a fait remettre M. X... en liberté. »

Les journaux de province apportent leur contingent de nouvelles.

Un professeur allemand qui a habité La Rochelle l'année dernière, inspirait des soupçons à la police. Un des derniers dimanches, un agent de police en civil, l'ayant filé, l'arrêta devant l'hôtel de la Préfecture, où il le fit entrer. Cet individu a depuis été expulsé.

XVI

Le bureau de la presse et la caisse des reptiles sont deux engins de combat qui demeurent inséparables dans l'histoire de l'espionnage allemand en France.

Le fonds des reptiles a été inscrit dans le budget avant le triomphe de la politique prussienne.

C'était d'abord un capital qui devait, dans la pensée de la Chambre prussienne, être le nerf de la guerre que le gouvernement du roi Guillaume devait soutenir pour l'unification de l'Allemagne contre les partisans des princes détrônés et bannis.

Bientôt le fonds changea de destination.

La résistance du parti royal en Hanovre n'était pas bien inquiétante et les projets du chancelier réclamaient l'appoint de forces nouvelles. La caisse des reptiles servit dès lors à encourager les sympathies des journaux favorables à la politique prussienne.

Tout d'abord on se limita à l'Allemagne; puis la *bonté* du chancelier s'étendit à la presse étrangère. Il inspirait des articles et en récompensait l'insertion : plus tard il agit différemment. Il fournit aux journaux subventionnés par lui une copie toute faite, se donnant parfois le plaisir de contredire le lendemain ce qu'il avait dit la veille, de démentir le mardi la version propagée par lui le lundi. « Il est nécessaire de soulager le journalisme », disait de ces tours de gobelet M. Windhorst.

Ce bureau de la presse officielle est une véritable pieuvre dont les tentacules et les ventouses innombrables couvrent tout le pays de leur réseau inextricable et subtil.

Un nombre énorme de journaux, non seulement en Prusse, mais dans toute l'Allemagne, dépendent du gouvernement de la façon la plus immédiate. Ils paraissent à Leipzig, à Strasbourg, ailleurs, mais ils sont rédigés à Berlin.

Certains numéros, certaines marques qu'on observe à la fin des articles de la *Gazette de Cologne* ou d'*Augsbourg* ne sont pas autre chose que les chiffres et les marques, en un mot, la signature du bureau central du gouvernement.

Les ramifications de ce bureau s'étendent à l'Autriche, à l'Angleterre, à la France et à l'Italie.

Il y a même à Berlin une *Correspondance française*, rédigée en français et destinée à répandre les idées du gouvernement allemand.

Joignez à cette pression énorme, exercée

par ce bureau central et par le fonds des reptiles, celle des *journaux autographiés* qui existent en Allemagne depuis 1832.

Ces organes autographiés rassemblent de tous côtés les nouvelles les plus diverses; ils les font suivre de commentaires plus ou moins étendus et les envoient aux rédacteurs qui peuvent remplir les colonnes de leurs journaux sans se mettre martel en tête.

Une paire de ciseaux est bien souvent le principal rédacteur de la feuille.

Ce système explique comment les mêmes articles sont reproduits dans un grand nombre de journaux différents et comment aussi des hommes peu lettrés ou mal doués peuvent être mis à la tête de la rédaction d'un journal.

Les entrepreneurs de ces journaux autographiés, qui ne sont en rapport qu'avec les rédacteurs des autres organes, font d'excellentes affaires et sont généralement, pour de très bonnes raisons, tout dévoués au gouvernement.

En 1849, Wolf exigeait 20 thalers par mois de chacun des rédacteurs auxquels il servait son journal autographié.

Si l'on réfléchit au nombre énorme de journaux qui ne pouvaient se passer du sien, on peut se faire une idée des bénéfices qu'il devait réaliser.

Ce sont les journaux autographiés qui, au gré du gouvernement, répandent partout les nouvelles à sensation, les menaces de guerre, les complications diplomatiques, etc., qui effraient inutilement le commerce et l'industrie, mais favorisent les grosses opérations de Bourse.

Des journaux autographiés aux agences télégraphiques telles qu'elles sont organisées aujourd'hui, il n'y a qu'un pas.

Le gouvernement allemand a jadis, j'entends avant 1870, plusieurs fois subventionné l'agence Havas pour s'assurer ses services : le fait avoué par un des représentants internationaux de cette puissante société et dénoncé par M. Victor Tissot n'a jamais été démenti. Néanmoins il éprouvait le besoin de boucler davantage la presse sa prisonnière.

Un ancien employé du bureau de la presse fonda une agence télégraphique.

Wolf fit bientôt de sa création un instrument de spéculation éhontée, mais son agence demeure la première des agences allemandes, et liée par traité à l'agence Havas et à l'agence Reuter, liées à leur tour par traité avec la plupart des agences secondaires françaises et anglaises ; elle est vraiment européenne.

C'est elle qui télégraphie à Saint-Pétersbourg les nouvelles de Paris suivant la version allemande.

Les feuilles russes les plus hostiles à l'Allemagne, le *Novoié Vrémia*, les *Novosti*, le *Peterburki Viédomosti*, le *Moskovski Viédomosti* reçoivent ses communications.

Tel est l'outillage général.

Passons maintenant à l'examen de l'outillage particulier.

XVII

La presse étrangère à Paris forme depuis quelques mois deux associations distinctes. Nombre de ses membres n'appartiennent d'ailleurs ni à l'un ni à l'autre de ces groupes.

Il y a un an, il n'y avait qu'une seule association qui comptait près de soixante-dix membres, mais une désagrégation s'est produite cet hiver à la suite d'incidents qui ont fait quelque bruit.

Diverses tentatives de scission avaient déjà donné l'éveil aux observateurs, lorsqu'à la suite de l'élection du comité directeur une intrigue fort compliquée leva les derniers doutes.

Un journaliste suisse fort estimé à Paris, M. Louis Macon, directeur de la *Correspondance helvétique*, prit une part active à cette conspiration. Il subissait alors une de ces crises nerveuses auxquelles sont sujets les gens de lettres et les publicistes. Son organisme surexcité lui montrait partout des ennemis et des adversaires, des germanophiles et des sémites. Il rompit violemment avec le Syndicat, entraînant à sa suite quelques journalistes remuants qui fondèrent sans lui, je crois, le *Syndicat des journalistes étrangers amis de la France*, association qui compte parmi ses membres des commerçants, des agents de toute sorte, mais fort peu de journalistes, s'il en faut croire la chronique du boulevard.

Le grand Syndicat, conservant son nom d'*Association syndicale de la Presse étrangère*, profita de l'occasion pour limiter le nombre de ses adhérents réduits actuellement à trente et un.

L'Association syndicale de la Presse étrangère s'empressa de protester contre les prétentions du Syndicat des journalistes étrangers à monopoliser les sympathies pour la France.

A vrai dire, elle compte dans ses rangs pas mal de gallophobes à côté d'amis de la France comme MM. Campbell Clarke du *Daily Telegraph,* Léon Meunier du *Courrier des États-Unis,* Gaston Bérardi de *l'Indépendance belge,* Pavlovsky du *Novoié Vrémia.*

Les reptiles y font figure : M. Cramers, de Scheidlein, Otto Roëse, j'ajouterai même M. Otto Brandes, malgré ses protestations. S'il n'est pas satisfait de cette classification, il n'a qu'à s'en prendre à lui-même et à ses articles pleins d'aménités.

La palme, sur ce point, revient cependant à M. Cramers et à son fils, M. de Scheidlein.

8.

XVIII

M. Cramers est le doyen des correspondants allemands à Paris.

Il habite notre capitale depuis près de trente à quarante ans ; il pourrait ayant beaucoup vu avoir beaucoup retenu, mais ce gallophobe féroce n'a vu qu'avec des yeux si prévenus contre nous, notre immoralité et notre néant, qu'il a fini par ne rien retenir.

Une habitude toute allemande le rend, d'ailleurs, moins nuisible qu'il ne pourrait nous être et moins intelligent que ne l'a fait la nature, car celle-ci ne s'est pas montrée avare envers lui de dons intellectuels.

M. Cramers aime trop la bière.

Il en est comme imbibé depuis tant d'années qu'il en ingurgite des brocs à l'heure et des bocks à la minute.

Il passe ses jours attablé dans un café voisin de la Bourse et où il a pris ses habitudes, devant une pyramide de chopines, pyramide qui grandit à chaque seconde et prend les proportions les plus menaçantes.

Malgré sa *noble tête de vieillard*, ses cheveux qu'il porte à la mode des illustres ganaches de 1848, sa face enluminée révèle le franc buveur allemand.

Ce n'est pas la trogne du buveur français, ce beau nez bourgeonné des ivrognes de Téniers, c'est la face colorée ocre et vermillon du bâfreur tudesque.

Malheureusement la beauté physique de M. Cramers, le doux état de vague dans lequel le plongent tant d'absorptions continues de bière, ne l'empêchent pas de nous jouer tous les tours qu'il lui est possible.

Si M. Beckmann est officiellement chargé du service de la presse à l'ambassade d'Allemagne, M. Cramers a reçu de son journal ou d'ailleurs la mission de réunir tous les renseignements de tout genre susceptibles d'intéresser l'Allemagne et les Allemands.

Nouvelles et secrets politiques, intrigues financières, théâtre et potins de coulisses, actualités littéraires, commerciales, judiciaires, tout, en un mot, est de son ressort.

M. Cramers n'est pas un correspondant : il est le chef de plus d'une série de reporters, de petits courtiers de nouvelles qui voient tout, savent tout, pénètrent partout, devinent tout.

La *Gazette de Cologne* fait ensuite de ce butin les délices d'un public enragé, à qui il faut chaque matin déjeuner d'une tranche de Français.

Pour ce public, M. Cramers ou son collègue, M. de Scheidlein, écrivent ces articles carnassiers qui comblent de délices le bourgeois de Leipzig et de Berlin.

Aussi aimons-nous beaucoup M. Cramers à Paris.

Chaque fois que l'exaspération publique réclame l'expulsion des nuées d'Allemands qui nous envahissent, nous ruinent et nous espionnent, l'on prononce le nom de M. Cramers et l'on réclame que l'opération soit commencée par ce charmant monsieur.

La France s'est fait maintes fois l'écho de ce désir qui sera sans doute exaucé quelque jour.

Les impatients, — et qui ne l'était à cette heure, — demandaient l'arrestation immédiate de M. Cramers dans la fièvre de patriotisme que déchaîna l'affaire Schnæbelé.

M. de Scheidlein partage l'estime publique de M. Cramers.

On affirme qu'il remplit en ceci le devoir d'un bon fils.

D'après certains des Allemands de l'*Association syndicale*, M. de Scheidlein serait né des amours de M. Cramers et d'une vague blanchisseuse de Puteaux; au fond, personne n'en sait rien, pas plus qu'on ne saurait expliquer que le fils de M. Cramers se nomme de Scheidlein.

Secret de reptiles.

Passons à d'autres.

XIX

M. Otto Roëse, du *New-York Staatszeitung*, l'organe allemand des Allemands d'Amérique, est de la bande; sa plus grande célébrité consiste à avoir inventé, il y a quelques mois, un interwiew à sensation qui fit le tour de la presse en attendant qu'un démenti officiel suivît le même cours.

L'Association syndicale de la presse étrangère contient encore parmi ses membres M. Emerich de Bukovics, correspondant du *Pester Lloyd* de Budapest.

Je ne connais pas M. Emerich de Bukovics et n'ai rien à dire contre lui.

Les Hongrois passent pour généralement sympathiques à la France ; il n'en est pas moins certain qu'à diverses époques — on doit cette révélation au *Matin* — le *Pester Lloyd* a servi de conducteur à diverses dépêches d'origine bismarckienne.

Tout le sel de la combinaison consiste en ceci : le Chancelier fait rédiger dans ses bureaux des correspondances de Vienne et de Saint-Pétersbourg, spéculant sur la bonne foi du journal hongrois et l'habitude qu'a le *Temps* de se faire télégraphier un résumé des nouvelles données par lui.

Ainsi le *Temps* devenait parfois fort innocemment le complice de la politique prussienne.

M. Otto Brandes qui ne fait plus partie de l'association, a été nettement désigné comme reptile et espion par le *Novoié Vrémia* dans la correspondance bruxelloise que nous avons citée plus haut. Le correspondant du *Berliner Tagblatt* n'a pas *encore* protesté contre ces accusations précises.

Le 7 février 1885, il avait écrit au *Matin* pour se défendre d'aller puiser ses inspirations à l'ambassade et protester que ses correspondances étaient uniquement l'écho de sa conscience et de son patriotisme en même temps que de son désir sincère de voir se renouer les liens d'amitié qui ont jadis si heureusement subsisté entre les deux nations.

Malgré ces belles phrases, M. Otto Brandes demeure quelque peu suspect à nos yeux.

La plupart des autres correspondants allemands (je néglige les deux acolytes de M. Beckmann à la *Franzœsische Correspondenz*) sont anonymes et n'appartiennent naturellement à aucun des Syndicats.

Ces messieurs cachent prudemment leurs adresses.

Parmi les Allemands de l'association, deux sont jusqu'à un certain point moins antipathiques. : l'un, le docteur Félix Vogt, correspondant de la *Gazette de Francfort*, journal démocratique, se borne à *blaguer* l'enthousiasme des Français pour les Russes ; l'autre est M. Charles Hirsch de la *Tœgliche Pariser Correspondenz.*

Quand on publia les pièces du célèbre procès d'Arnim, on inséra notamment un rapport du comte d'Arnim au conseiller de Balan où M. Hirsch était nommé.

Le comte constatait que ce journaliste socialiste faisait de la propagande pour les radicaux français dans les journaux socialistes allemands.

Je ne sache pas que M. Hirsch ait depuis modifié son attitude.

Malheureusement, les bonnes dispositions du directeur de la *Tœgliche Pariser Correspondenz* ne sont pas servies par les qualités naturelles que M. Cramers met aux ordres de son maître.

On l'a vu donner une importance capitale à

des faits insignifiants tels que les révolutions de l'Andorre.

De ses idées, de ses goûts, de ses jugements littéraires, je préfère ne rien dire.

M. Hirsch est un esprit naïf, ignorant des choses parisiennes, claquemuré dans quelques idées socialistes et dans ses préjugés.

D'ailleurs, socialiste ou non, un Allemand n'est jamais qu'un Allemand.

XX

Les journaux autrichiens nous sont généralement sympathiques.

M. Henry Oberwinder, du *Wiener Allgemeine Zeitung*, et M. Ferdinand Bryndza, du *Wiener Tagblatt*, tiennent à honneur d'être des gallophiles.

M. Gaston Berardi, de *l'Indépendance belge*, et M. Léon Meunier, du *Courrier des Etats-Unis*, sont de vrais Français de cœur.

Le correspondant du *Novoié Vrémia*, M. Pavlovsky, ancien ami de Tourgueneff, auteur d'une nouvelle remarquée, insérée dans *le Temps*, a défendu dans son journal le dernier ministère et la combinaison Floquet avec le plus absolu dévouement. Grand admirateur du général Boulanger et de M. Paul Déroulède, tous deux très goûtés en Russie, il est connu pour aimer aussi peu les Allemands que son directeur, M. Souvorine, aujourd'hui l'un des chefs reconnus du parti slavophile.

Le journal *les Novosti* a pour représentant à Paris un des amis de M. Clémenceau, M. le docteur Jacclard, plus ou moins compromis dans les affaires de la Commune, et plusieurs fois candidat malheureux à des élections législatives ou municipales. C'est aussi, dit-on, M. Jacclard qui rédige les correspondances de Saint-Pétersbourg qu'insère *la Justice*. M. Jacclard a depuis quelques mois un second, M. K....

Les journaux anglais sont nombreux dans l'association. Elle n'a pas dans ses rangs M. de Blowitz, si connu qu'il est inutile de dire qu'il est juif et Allemand d'origine, quoique maintenant naturalisé Français et décoré de la Légion d'honneur.

M. Campbell-Clarke, du *Daily Telegraph*, passe pour un ami éprouvé de la France.

La contrepartie de ses sympathies avait, il y a quelques mois, un écho hors du syndicat en la personne du correspondant gallophobe du *Globe*.

Si mal disposé que soit ce journal à notre égard, il paraît qu'il a dû se priver des services d'un correspondant aussi féroce contre ces *damnés Français*, et le journaliste en question a trouvé, dit-on, un refuge, *malgré ses péchés*, dans notre presse.

Mme Crawford a été, dans toutes les occasions, l'amie fidèle de la République française. Sa plume déliée s'est exercée dans les circonstances les plus difficiles au profit de notre pays.

Son jeune fils, M. Robert Crawford, s'est engagé dans cette voie, mais jusqu'ici le

Daily News était aux mains des Juifs, et n'a été acheté qu'hier par M. John Morley.

M. Théodore Child, du *New-York Sun*, est plus un homme de lettres qu'un journaliste politique : il fréquente le salon de M. de Goncourt, s'intéresse aux débuts de nos jeunes, les aide à trouver du travail dans le *Harper's Magazine* et autres revues de son pays. Il n'y a en lui rien de suspect ou de douteux.

Je n'ai pas parlé des correspondants italiens et espagnols : leur influence est à peu de chose près nulle, comme d'ailleurs celle de leurs pays respectifs, dans la politique européenne.

Leur doyen est M. Caponi, un très vieux Parisien que l'on voit aux premières et aux répétitions générales ; l'un d'entre eux, M. le vicomte de Foucault, du *Moniteur de Rome*, est Français et légitimiste.

XXI

Jusqu'ici j'ai peint l'état-major de l'espionnage ou du renseignement. Il me reste à résumer quelques notes traitant de points délicats et que la conscience m'interdit cependant de passer sous silence.

Pendant que je rédigeais ces pages, bien des gens m'ont apporté des documents plus ou moins certains et m'ont offert de me les abandonner pour en faire tel usage qu'il me conviendrait.

Je me suis généralement refusé à accueillir

ces offres, parce que les documents juridiques sont les seuls qui aient une indiscutable valeur et que l'on ne doit employer qu'avec la plus grande discrétion ceux qui ont plutôt le caractère d'un on-dit.

Les faits que je vais rapporter sont donc donnés sous toutes réserves et bien plutôt pour fournir une occasion de les démentir que pour les affirmer.

Peut-être trouvera-t-on peu courageuse la forme de cette exposition ?

Qu'importe ce que l'on dira..... Elle est loyale.

Bien des gens ont été choqués, pour ne rien dire de plus, que M. Jaeglé, professeur à l'Ecole spéciale militaire de Saint-Cyr, ait cru devoir choisir pour éditer les livres militaitaires qu'il a traduits de l'allemand, *l'Artillerie de l'avenir* par un officier supérieur d'artillerie et *la Prochaine Guerre Franco-Allemande*, un libraire-éditeur que l'on ne considère point comme Français, et dont le nom, au moins, sonne avec une résonnance toute germanique.

D'autres m'ont rapporté que dans un grand hôtel de Paris, situé dans le quartier de la place Vendôme, et célèbre par les scandales qui s'y sont produits parfois le 14 juillet, la majorité du personnel est allemande et j'ai pu constater par moi-même que l'assertion n'est pas exagérée, en assistant à quelques concerts et à quelques banquets dans les salons de cet hôtel.

On ajoute que le chef du personnel des tables, celui qui dirige le service des repas de corps, de *promotion*, des agapes militaires diverses, fréquentes en cet hôtel, — est un officier de la landwehr et que M. Déroulède, prévenu de sa qualité, le fit une fois expulser de la salle des banquets. Sa chambre, dans l'hôtel, contient une belle photographie en uniforme et il se vante volontiers d'avoir fait, vêtu de la sorte, la campagne de France en 1870-1871.

Ce personnage, qui assiste à toutes les conversations entre poire et fromage, surprend tous les propos, *inter pocula*, de nos généraux groupés à Paris par les préparations de promotions, de nos officiers supérieurs, est évidemment un agent précieux.

Par lui, on peut toujours savoir à Berlin ce que l'on pense dans nos milieux militaires.

Dans une de nos rues les plus fréquentées, on trouvait encore, il y a quelques mois, un autre officier de l'armée prussienne, principal employé chez un marchand de curiosités, son compatriote, chargé alors, disaient les gens bien informés, de tenir la comptabilité de l'espionnage allemand à Paris.

Il connaissait tout le personnel de ce petit commerce, et après l'avoir successivement mis en rapport avec son ancien patron, il lui a passé, il y a quelque six mois emploi et caisse secrète.

Le marchand de curiosités en sait long, et une perquisition dans ses papiers ne serait pas un acte maladroit.

Son ex-compère l'officier prussien est aujourd'hui installé comme libraire à Baden-Baden.

On dit encore que nos établissements de banque et de crédit contiennent un tiers au moins d'employés tudesques.

Il est indiscutable que certaines maisons de commerce sont envahies par eux, et ce, bien souvent au détriment des patrons qui ont, du jour au lendemain, leurs employés de la veille pour concurrents, et pour rivaux redoutables puisqu'ils emportent en les quittant le secret de leur clientèle et de leur mode d'agir.

On affirme que le fait s'est produit récemment chez l'un des principaux commissionnaires de Paris.

Quelques-unes de ces maisons nouvelles sont commanditées par des Allemands ; il en est aussi de fort anciennes qui se trouvent dans le même cas.

L'autre jour, à la Bibliothèque nationale, un voisin de la table de travail me contait ce qui suit.

Depuis de longues années, il avait commencé un grand travail de bibliographie dont certaines parties publiées à ses frais obtinrent un succès scientifique très accentué.

Malheureusement, la science ne procure pas la richesse et notre bibliographe ne pouvait monnoyer les compliments dont l'accablaient en toute occasion les érudits et les lettrés.

Les revues allemandes surtout témoignaient pour son œuvre, connue alors par de simples fragments, une estime qui touchait à l'enthousiasme.

Grâce à elle, l'éditeur vint.

Il prononçait le français d'une façon qui ne laissait guère de doute sur sa nationalité ou du moins sur ses origines ; mais il témoignait d'une vraie passion pour l'œuvre du bibliographe.

Il promettait un paiement fort raisonnable, sinon très rémunérateur.

Notre homme le savait négociant fort honorable, jouissant d'un certain renom comme lanceur de livres savants et érudits: philologie, bibliographie, ethnographie et ethnologie.

Le bibliographe traita donc, remit la copie du premier volume de son ouvrage, en corrigea les épreuves avec ce culte révérend de l'*appasionato* qui désire éviter à son œuvre toutes les injures de la coquille, tous les délits de lèse-typographie.

Imprimé, le volume fut mis en vente, analysé, prôné ; mais ici l'affaire se compliqua soudain.

Editeur et auteur avaient pris rendez-vous pour la livraison du manuscrit du deuxième volume. Le matin du jour fixé, le bibliographe reçut un *petit bleu* du libraire, l'avisant qu'obligé de partir pour l'étranger, celui-ci s'excusait et remettait le rendez-vous à son retour.

Il n'y avait qu'à s'incliner, la patience étant le lot obligatoire des pauvres édités.

Peu de jours après, l'éditeur rentra à Paris, mais il se fit invisible, et comme le bibliographe lui rappelait ses engagements, il reçut de lui une lettre fort aimable où il lui était dit qu'au retour d'un nouveau voyage absolument nécessaire, on verrait à s'arranger et à le dédommager.

Dédommager, le mot était gros de menaces.

Il fallut encore attendre pour en avoir l'explication.

Elle fut courte et arrosée de larmes.

L'éditeur était au fond un excellent homme, très navré de son manque de parole.

Il ferait les sacrifices d'argent nécessaires pour indemniser l'écrivain, mais ses commanditaires, d'abord ravis quand le plan du livre leur avait été soumis, s'étaient révoltés soudain en lisant à la lettre D l'article consacré au patriote Déroulède.

Bref, il ne pouvait plus continuer la publication.

Il le regrettait, mais c'était une loi.

Dura lex, sed lex.

Toute cette aventure me fut contée avec un certain humour et mieux à coup sûr que je ne viens de la redire, moi qui n'en ai pas pâti et pour qui la publication interrompue de cette bibliographie ne peut être ni un crève-cœur, ni une gêne.

Mais si chez les uns il n'y a que de l'humour, chez d'autres il y a de la colère, et la colère, mauvaise conseillère, amène les injustices.

Envers les Allemands, j'en ai relevé deux et je tiens à les signaler, ne fut-ce que pour témoigner de ma justice et de mon impartialité, point aveuglées par mon patriotisme.

L'une de ces injustices concerne ce malheureux Fischer, que la populace parisienne eut fantaisie d'escarbouiller à l'Eden, le soir des manifestations antiwagnériennes, qui accueillirent de la rue le succès du *Lohengrin* dans la salle.

M. Fischer est un Allemand très patriote, très loyalement notre adversaire. Pour lui, rien ne vaut la grande Patrie allemande, et par malheur pour lui la grande Patrie allemande l'a rejeté de son sein.

M. Fischer a écrit contre le Chancelier, et le prince de Bismarck n'a jamais su pardonner les injures faites au comte.

M. Fischer a dû venir manger chez nous le pain amer de l'exil.

Si j'en crois ce que l'on me dit sur lui de toutes parts, c'est un bon garçon, très opiniâtre dans ses idées, très têtu dans ses admirations et dans ses haines, mais aussi loyal que têtu.

Lorsqu'il s'est vu contraint, en présence des succès de la politique bismarckienne, de renoncer pour de longues années à rentrer dans son pays, M. Fischer s'est préoccupé de gagner sa vie en France, car il n'est pas de ceux à qui la Fortune a souri dans leur berceau.

Par malheur pour lui, il ne pénétra jamais que dans des journaux invraisemblables, sans passé, sans présent, à plus fortes raisons sans lendemain, et toujours il était plus abasourdi en se retrouvant sur le pavé.

Quelques journalistes français s'intéressaient à ce rêveur, absolument dépourvu de tout esprit pratique, et l'aidaient à reprendre l'étrier, chaque fois qu'il était désarçonné.

M. Fischer, grâce à eux, pénétra au *Gaulois*.

Pour des raisons sur lesquelles il ne nous appartient pas de faire la lumière, il n'y put rester.

On sait le reste.

La deuxième de ces victimes est un écrivain allemand dont la mère était Française, le docteur Édouard Loewenthal.

M. Loewenthal a une certaine réputation comme philosophe et comme naturaliste. Ses ouvrages ont été traduits en anglais et publiés à son insu en Amérique par des spéculateurs désireux d'éviter le paiement des droits de traduction.

M. le Dr Loewenthal est dans le même cas que M. Fischer, avec cet avantage que très lié avec M. Frédéric Passy et d'autres savants français, il a pu se faire naturaliser et que, la voix du sang aidant, il s'est attaché à sa seconde patrie, alors que le Chancelier lui ravissait la première pour châtier de misérables griefs.

Or, depuis que mon éditeur a annoncé ce volume et qu'on en parle un peu dans le public, j'ai reçu nombre de lettres dénonçant M. Loewenthal comme espion.

Aucun fait précis n'est articulé, ce qui a rendu plus difficile ma contre-enquête.

J'en ai tenté une cependant : elle aboutit à des résultats opposés à celle à laquelle s'est livré M. Lucien Nicot.

M. Loewenthal est un homme paisible malgré une mine quelque peu rébarbative, un esprit spéculatif et désintéressé.

Comme M. Fischer, il cherche à gagner sa vie et demande son pain quotidien à un labeur opiniâtre, mais M. Loewenthal est Français et travaille pour des entreprises françaises.

Il y a environ un an, il publiait à Saint-Denis une petite revue positiviste, *Le Monde de l'Esprit*, qui obtint un succès encourageant en Portugal et dans d'autres contrées étrangères, mais qu'il fut forcé d'interrompre, faute de ressources suffisantes pour la lancer convenablement.

Aujourd'hui, tout en rédigeant un journal technique, la *Curiosité*, il amasse les matériaux d'un encyclopédique bilan des littératures et des sciences de l'Europe du XIX° siècle.

Il est probable qu'à côté de MM. Fischer et Loewenthal, il existe d'autres innocents.

Le hasard n'a pas fait qu'on appelât sur eux mon attention, comme on l'a fait pour ces deux publicistes, dont le second seul m'est connu, pour avoir eu avec lui quelques relations épistolaires vagues et clairsemées.

Je suis tout prêt à grossir la liste des exceptions.

Le courant qui se dessine maintenant contre les Allemands m'en donnera sans doute l'occasion, quoique, dans la mesure où il se produit, on ne puisse qu'en approuver le principe et les effets.

En présence de la misère qui accable nos ouvriers, il ne saurait être admissible qu'on continuât à employer autant d'étrangers, et du moment que l'hospitalité française doit se montrer avare envers ceux-ci, elle doit choisir pour but de ses sévérités ceux-là, parmi les étrangers nos hôtes, que leur race d'abord, et leur conduite en second lieu, nous rendent suspects.

Il ne s'agit pas bien entendu d'une expulsion populaire, de brutalités idiotes, mais d'un concours de mesures émanant plus encore des citoyens que du gouvernement et tendant à reconquérir à des Français les places de producteurs dans nos industries, notre commerce, nos banques.

Ces mesures peuvent se prendre sans bruit ni tapage.

Des manifestations ouvrières, comme celle des ouvriers de la maison Godillot, de Bordeaux, se rendant drapeau déployé devant les bureaux du journal *la Victoire* pour y signer une pétition demandant l'expulsion des Allemands, risqueraient de rapetisser la question.

Il n'y a lieu à expulsion que contre les hommes justement suspectés d'espionnage et contre tous ceux des Allemands qui se rendent coupables de délits de droit commun.

Le tribunal de la Seine a jugé récemment le cas d'un brasseur allemand qui, dans une rixe violente, s'était déclaré espion prussien, avait hautement proclamé aux agents qui l'arrêtaient sa situation d'ex-officier de uhlans, vainqueur en 1870-1871 et fort désireux de renouveler ses exploits.

In vino veritas ! dit-on ; la bière a peut-être des effets aussi compromettants.

Les grandes institutions, nos maisons de crédit, ont le devoir de restreindre leur personnel à des Français.

Quelques-unes, comme le Crédit Lyonnais, ont déjà fait place nette, et le mouvement s'accentue plus qu'il ne nous semble, s'il en faut croire ces lignes du *Journal de Francfort :*

« Dans ces derniers temps, des Allemands en assez grand nombre, appartenant à diverses professions, sont revenus de France en Allemagne.

« Ils se plaignent vivement de la manière d'agir des Français envers eux ; à la vérité, le gouvernement ne les expulse pas, mais les patrons et les maîtres les renvoient, et ils ont ainsi perdu leur gagne-pain. »

Sur certains points du territoire français, c'est la pression des milieux qui opère.

Les patrons ne congédient point, mais les camarades de l'ouvrier étranger le mettent en une sorte de quarantaine qui le contraint à reprendre la route de son pays.

A la suite de quelques murmures d'employés et d'ouvriers des chantiers du Petit-Creuzot, un Allemand d'origine, qui, depuis environ vingt ans, était au service des usines du Creuzot, a pris le parti de se retirer.

« Il est important, dit le *Journal de Saône-et-Loire* à ce sujet, et encore plus dans les usines où l'on fabrique du matériel de guerre que partout ailleurs, que les Allemands soient invités à retourner dans leur pays. »

Sur la frontière, où les dangers sont plus grands et l'émotion plus profonde, puisque, d'après les plans militaires qui circulent sur la prochaine guerre franco-allemande, ces provinces ne peuvent éviter une invasion et que tout l'effort des Français, massés derrière la *couverture*, devra être de se trouver en nombre dans les plaines champenoises et bourguignonnes, sur la frontière, chacun fait son devoir.

L'autorité militaire rappelle fréquemment aux journaux les inconvénients de certains articles trop précis d'informations ou de discussions des choses militaires.

Elle insiste sur l'attention que donnent au moindre article les attachés militaires allemands, renouvelle les instructions de la note officieuse dont voici à peu près les termes :

« Il résulte d'informations prises auprès de personnes en relations constantes avec certains attachés militaires étrangers que ces officiers comptent absolument sur la presse française et particulièrement sur la presse militaire pour être exactement renseignés sur notre organisation.

« Certains rapports n'ont pas d'autres sources que ces études insérées dans les journaux locaux. Le rapport du capitaine von Schartzhofen sur les manœuvres navales des torpilleurs à Toulon est dans ce cas.

« Un pareil exemple trace à la presse de toute nuance la ligne de conduite à observer quand il s'agit d'informations militaires.

« Il faut qu'elle s'impose sur certaines questions la plus grande réserve, sinon un silence absolu, sous peine de devenir un auxiliaire précieux pour l'étranger. »

La presse se règle, à bien peu d'exceptions, sur ces instructions.

Elle enregistre volontiers des communications comme celle-ci.

C'est le texte d'une pétition qui circulait, il y a quelques semaines, à Lons-le-Saulnier et recevait l'adhésion des Alsaciens-Lorrains établis dans le Jura.

« Monsieur le préfet du Jura,

« Les soussignés, Alsaciens-Lorrains, ayant opté pour la nationalité française,

« Émus par les derniers événements de Pagny-sur-Moselle, ainsi que par les bruits circulant avec raison, annonçant la présence en France de nombreux étrangers installés sur le territoire français, principalement d'Allemands se disant Alsaciens-Lorrains ou Suisses, lesquels peuvent, en cette circonstance, exploiter avec ce titre la crédulité publique et faire cause commune avec l'étranger, soit par espionnage ou commerce;

« Considérant que de tels abus ne peuvent que nuire au prestige, au patriotisme et à la considération dont jouissent les soussignés envers leurs frères de France, et laisser subsister sur le territoire de la République des gens sans aveu et ne connaissant de patrie que celle pouvant, à tout événement, être hostile à la France ;

« Émettent le vœu que l'autorité prenne à bref délai un arrêté enjoignant à tous étrangers résidant en France de se soumettre à toutes les charges que le gouvernement français est en droit d'exiger d'eux, ou de les renvoyer immédiatement conspirer en dehors du territoire.

« Ils s'adressent donc à vous, monsieur le préfet, pour que vous preniez en considération la présente et donniez satisfaction à ceux dont le patriotisme n'a pas un instant fait défaut à la France. »

L'initiative et la rédaction de la pétition étaient dues à M. Braun.

En attendant, l'on fait bonne garde autour de nos forteresses. Pour éviter la visite de fâcheux, sous figures de fournisseurs appelés là pour les besoins du ravitaillement, à Nancy, le général commandant le 6ᵉ corps d'armée a décidé que tous les fournisseurs des forts de l'Est seraient photographiés.

Les photographies seront exposées au corps de garde pour que les hommes puissent vérifier l'identité des individus qui se présentent comme fournisseurs; on évitera ainsi un grand nombre de fraudes.

Les Agences télégraphiques signalent sans cesse à l'attention de nouveaux établissements allemands. Une dépêche adressée de Nancy à l'*Agence libre*, le 3 juin, fournit les indications suivantes.

« Il y a à Nancy la *Grande Brasserie de l'Est*, à Maxeville. Elle emploie 129 ouvriers allemands.

« On s'en est ému, on a réclamé, et la direction de la brasserie, pour donner satisfaction à l'opinion, a prétendu avoir renvoyé les ouvriers en question.

« Je sais de bonne source qu'on n'a renvoyé que *huit* Allemands, et que les autres sont *tous* restés en place.

« Il est vrai qu'ils ont un Teuton pour chef de la fabrication. »

Le 6, une autre dépêche la complète.

« Pour faire suite à mes dépêches du 3, vous signalant l'invasion de la brasserie de Maxeville par des contre-maîtres et ouvriers allemands, je dois vous indiquer cette fois avec plus de réserve, pour des raisons que vous saurez bientôt, l'installation aux portes mêmes de Nancy d'une usine dont le propriétaire est capitaine commandant dans la landwehr.

« Son *second* commercial est également son *second* militaire et ses ouvriers, tous Allemands, ayant l'âge de servir et régulièrement appelés aux convocations annuelles. A ces époques, l'usine est purement et simplement fermée.

« Ce campement teuton, aux portes mêmes

de Nancy, a plus d'une fois attiré l'attention des autorités compétentes. Il présente un danger permanent. Et notez que ces gens ne cachent ni leur personnalité ni leur nationalité.

« D'ailleurs, nous sommes ici littéralement inondés d'espions. Je pourrais vous montrer au moins une fois la semaine le maire actuel de Metz, nommé par l'émigration allemande et qui ne vient pas à Nancy exclusivement pour le plaisir de s'y promener.

« Bien qu'on ait grande confiance dans le préfet de Meurthe-et-Moselle, qui est énergique et expérimenté, la population, très rassurée tant qu'elle a vu aux affaires le cabinet qui a dirigé l'affaire Schnaebelé, est devenue depuis quelques jours plus nerveuse. C'est un sentiment auquel on fera bien de prendre garde et de donner satisfaction dans la mesure du possible. »

En même temps, divers problèmes préoccupent l'opinion.

Des déserteurs allemands arrivent chaque jour à Nancy, à Pagny, à Avricourt. Ils finissent par faire nombre. Certains jours, Nancy en a vu sept, d'autres jours neuf. Ils portent l'uniforme allemand et leurs armes. Conformément au traité de Francfort, on les désarme, on remet leurs sabres à l'autorité allemande.

En général, ils déclarent vouloir s'engager dans la légion étrangère; ils ont, disent-ils, déserté à cause de la mauvaise nourriture et des mauvais traitements dont ils sont l'objet de la part de leurs officiers.

On les dirige le plus souvent sur l'Algérie.

Beaucoup trouvent que l'Algérie n'est pas assez éloignée et réclament leur envoi au Tonkin. En supputant leur nombre, on se demande si vraiment il n'y a pas là une manœuvre qui aurait pour but de connaître plus vite le nouveau fusil.

Je suis convaincu que le coup est déjà paré.

XXII

Cette campagne, qui en France n'a qu'un caractère privé et individuel, la Russie lui donne un caractère officiel.

On n'a pas oublié que M. de Bismarck prit il y a quelque temps l'initiative d'un mouvement d'expulsion des Polonais-Russes et des Russes des provinces frontières.

La Russie qui a attendu quelque temps sa revanche répond maintenant par une série de mesures préservatrices.

On a songé tout d'abord aux provinces

baltiques où l'aristocratie teutone est en lutte avec la bourgeoisie et le peuple de race lithuanienne.

Le gouvernement de Saint-Pétersbourg travaille activement depuis un certain temps à la russification des pays allemands de l'empire. Une circulaire de l'administrateur scolaire des provinces baltiques annonce que, dès le mois d'août de cette année, l'enseignement devra se faire en langue russe dans tous les gymnases classiques ou scientifiques et dans les écoles primaires. Elle atteint les nombreux établissements d'instruction publique créés à frais privés par la bourgeoisie et la noblesse des provinces baltiques.

L'emploi du russe étant prescrit pour les écoles secondaires des provinces baltiques, la suppression de l'enseignement allemand à l'université de Dorpat n'est plus qu'une question de temps.

En même temps, le ministre de l'intérieur vient de demander à l'une des commissions du Sénat d'interdire l'usage dans les églises luthériennes de livres de prières et d'hymnes écrits en allemand. Cette proposition a rallié 5 voix sur 9. Elle va être soumise à l'assemblée plénière du Sénat, et on envisage comme probable qu'elle sera adoptée avec certaines modifications.

C'est ici l'expulsion de la langue allemande au profit de la langue russe.

Puis un ukase interdit aux *étrangers* l'acquisition ou la location des propriétés dans les provinces de la frontière ouest de la Russie.

Par suite de ce dernier ukase qui vise tout spécialement les Allemands dans l'application, nombre d'entre eux qui dirigeaient des fabriques dans la Pologne russe sont obligés de renoncer à leur position.

En même temps, *le Courrier de Varsovie* annonce que, d'après des ordres reçus de Saint-Pétersbourg, dans la province de Volhynie, les ressortissants étrangers employés au service des forêts du sud-ouest doivent être congédiés dans un délai de deux semaines au plus tard.

En outre, il est interdit aux propriétaires fonciers de ces contrées d'engager, à quelque titre que ce soit, au service des forêts, des personnes de nationalité étrangère, même pour remplir des fonctions provisoires.

« Les représailles contre l'Allemagne prennent ainsi à la frontière un caractère violent. L'expulsion des propriétaires allemands et de leurs employés a commencé. Tous les ouvriers d'une fabrique sont avisés d'avoir à quitter le pays pour le 27 juin.

« Les mesures prises frappent 21 gouvernements, soit un territoire d'une superficie de 670,000 lieues (russes) carrées.

« On évalue au maximum à 500,000 et au minimum à 350,000 le nombre des Allemands frappés.

« Tous les agronomes, industriels, grands négociants s'étaient arrangés depuis longtemps pour n'employer comme contre-maîtres, intendants, comptables, commis et ouvriers, que des Allemands.

« On cite le propriétaire d'une fabrique à la frontière qui avait fait venir tout son personnel d'Allemagne. Il est actuellement obligé de céder sa fabrique à vil prix.

« La mesure a une portée économique considérable : les créanciers des expulsés ont pris peur ; ainsi une banque de Hambourg réclame 3 millions au prince de Wittgenstein. Une vente forcée est imminente et les deux tiers de l'hypothèque seront perdus.

« On se lamente, on proteste, on récrimine, on adresse au Chancelier réclamations sur réclamations, mais M. de Bismarck ne peut intervenir. *C'est lui qui a commencé.* »

L'émotion n'y fait rien.

L'ukase sera obéi.

Il s'explique par ces quelques détails donnés par le *Times* sur l'envahissement de la Russie occidentale par les Allemands.

« Les établissements, boutiques, manufactures, maisons de commerce allemandes abondent dans les villes frontières, et dans la campagne leurs fermes ne sont pas moins nombreuses. Les Allemands trop pauvres pour devenir propriétaires entrent dans ces maisons au service de leurs compatri ote.

« En même temps, ces éléments allemands sont constitués de telle sorte que le pays tout entier travaille, pour ainsi dire, au profit exclusif de l'Allemagne, au détriment de l'industrie nationale, à qui cette concurrence est très nuisible dans le reste de l'empire. »

Voilà pour la lutte en temps de paix et on voit que c'est déjà suffisant. Mais ce n'est pas tout, et dans certaines occasions cette infiltration incessante pourrait devenir plus dangereuse encore.

« Il faut considérer en outre que la majorité de ces colons appartiennent à la réserve de l'armée allemande et pourraient en cas de guerre former soudainement des bandes hostiles, établies d'avance dans le pays, parfaitement familières avec sa topographie, ses ressources, et en très bonnes conditions au point de vue stratégique. »

La presse allemande jette les hauts cris.

Le *Warszawski Dnievnik*, journal officiel de Varsovie, donne, dans son numéro du 3 juin, un résumé de ses plaintes et conclut en ces termes :

« Peut-être porterons-nous par cette loi une atteinte assez grave au développement de notre civilisation, comme le prétendent les journaux allemands.

« Ces feuilles ne disent-elles pas que nous sommes redevables de notre progrès uniquement à l'élément allemand, à l'égard duquel notre gouvernement aurait recouru, selon la *Gazette de Silésie*, à une mesure imiptoyable et dure.

« La Russie, ajoute cette dernière feuille avec une naïveté digne d'attention, ne sera pas de longtemps en état de se passer de l'engrais allemand. »

« Cette assertion du journal allemand est très caractéristique.

« L'Allemagne aurait créé la civilisation en Russie et serait aussi appelée, dans l'avenir, à préparer le terrain pour le développement de notre vie sociale et politique !

« De cette manière-là, dans le premier cas, nous paraissons trop durs au point de vue de la tolérance nationale, et, dans le second, légers et ingrats.

« Mais quelque haute idée que nous puissions avoir de la civilisation allemande dans la plus large acception de ce mot, quelque respect que nous puissions professer pour la science allemande, le progrès et le travail allemands, il n'en est pas moins vrai qu'il est impossible de ne plus reconnaître que la Russie a suffisamment grandi, qu'elle possède sa propre civilisation, et que, grâce à l'activité et à l'intelligence de son peuple, elle a acquis le droit de jouir d'une complète indépendance à l'intérieur et à l'extérieur.

« La volonté impériale formulée par l'ukase du 26 mai exprime avec une clarté suffisante qu'il sera mis un terme à l'exploitation étrangère des richesses et des forces de la nation russe dans ses propres possessions et qu'on refusera désormais toute protection qui pourrait encourager les exploiteurs étrangers.

« Cela ne veut cependant pas dire que les portes de la Russie *doivent être fermées au travail honnête d'étrangers venus de pays éloignés* dans notre patrie. »

Le Novoié Vrémia triomphe de cette adoption résolue de la politique slavophile qu'il a toujours défendue. *Le Peterburski Viédomosti* (*Gazette de Saint-Pétersbourg*), qui est un officieux, n'est pas moins satisfait. Les *Novosti* enregistrent la nouvelle avec plaisir.

L'affection des Russes pour les Allemands est vraiment touchante.

Les journaux officiels russes ne font aucune allusion à l'incident. Cependant il importe de signaler les graves reproches adressés par le

Nord à l'Allemagne au sujet de la propagande anarchiste :

« Ce qui est particulièrement digne de remarque, c'est que l'Allemagne, le pays de la discipline sociale, l'État que les libéraux européens considèrent comme le champion prédestiné de la réaction universelle, est en même temps la nation qui donne le branle au mouvement anarchiste dans les deux mondes.

« Le nihilisme russe n'a peut-être pas subi directement l'influence du socialisme allemand, mais partout ailleurs on constate que les socialistes d'origine ou d'éducation allemande sont ceux qui formulent le plus nettement le programme définitif de la révolution cosmopolite.

« Là où les ouvriers allemands sont relativement peu nombreux, comme en Angleterre, le socialisme demeure à peu près inoffensif et ne se manifeste guère que sous la forme de grèves et de meetings.

« Là où prédomine l'élément germanique,

comme dans les villes américaines du nord-ouest, le socialisme tourne rapidement à l'anarchisme, et la propagande par le fait se substitue à la discussion publique.

« En tenant compte des difficultés qu'il a à surmonter, il est permis d'affirmer que les apôtres du socialisme allemand sont des conquérants plus redoutables que MM. de Bismarck et de Moltke.

« L'infiltration allemande a créé le socialisme scandinave.

« L'anarchisme de M. Most a démoralisé les travailleurs austro-hongrois et provoqué les émeutes de Chicago.

« Comme élément destructeur, le socialisme est une véritable *Weltmacht*. »

XXIII

Pendant que les espions allemands se livrent à tant de charmantes promenades autour de nos forts ou de nos casernes, tandis qu'ils poétisent à la manière du colonel de Meerheimb sur les glacis de nos places de défense, que faisons-nous pour mettre un frein à leur humeur vagabonde et à leurs curiosités si obstinément intempestives ?

Rien ou presque rien.

Nous avons bien la loi du 17 avril 1886 ; mais

personne n'en a encore pu citer une seule application.

La preuve est difficile, dit-on, quand l'espion n'est pas pris en flagrant délit et ceux que l'on a pris la main dans le sac ne pouvaient être poursuivis si l'on ne voulait *agrandir considérablement la question*.

D'accord, mais alors faut-il se taire?

A mon humble avis, la loi du 17 avril 1886 est parfaite, mais peu utilisable. Le général Boulanger a eu raison d'en demander le vote aux Chambres, la Chambre et le Sénat d'en adopter les articles ; il est bon qu'elle soit venue combler une des lacunes de notre Code ; en certaines circonstances, elle ne *peut* pas servir.

Ici il faut changer de tactique.

Ne réprimons pas, contreminons.

Un journal contait dernièrement qu'à un espion tudesque qui cherchait de la mélinite à acheter, on avait vendu une fausse mélinite.

Je ne sais si l'anecdote est vraie : je la crois typique.

Il faudrait que les manœuvres de l'espion fussent sans cesse déçues, que ses pièges fussent sans cesse éventés, que partout il rencontrât un contre-espionnage opiniâtre et invincible.

Mais ceci même ne suffit pas.

L'espionnage est une police : on doit lui opposer une police.

XXIV

Il est convenu que la police politique n'existe plus en France : j'ai quelques raisons de penser qu'il en est de la police politique comme du cabinet noir et autres *infâmes procédés* datant des jours *néfastes* du despotisme monarchique.

Il n'y a pas de police politique, fort bien, mais il y a toujours des mouchards.

Au lieu d'employer ces honorables personnages à épier les promenades du prince Napoléon à Prangins, de l'impératrice Eugénie à Chislehurst ou à Florence, du duc d'Aumale ou du prince Victor-Napoléon à Bruxelles, du comte de Paris à Lisbonne ou dans le Royaume-Uni, ne croyez-vous pas qu'il serait plus utile de les attacher aux pas de M. Albert Beckmann, de M. Cramers ou de tout autre des illustres reptiles qui hantent le boulevard des Italiens à l'heure de l'absinthe ?

Quant aux quatre pelés et au tondu qui forment l'état-major du parti révolutionnaire et dont la place est à l'asile Sainte-Anne plutôt qu'à Mazas, je crois que c'est leur faire bien de l'honneur que de leur assigner des pions.

Ces messieurs se mouchardent seuls : les polémiques du *Cri du Peuple* et de la *Voie du Peuple* l'ont prouvé.

Je ne réclame pas, notez-le bien, la suppression de l'escouade qui surveille les réfugiés étrangers.

Il peut être intéressant pour nous de connaître par le menu les menées des chefs du parti carliste ou de M. Ruiz Zorrilla.

Ce pourrait un jour servir notre politique que de jeter l'un ou l'un et l'autre de ces fléaux sur l'Espagne parlementaire, traîtresse aux intérêts latins que défend la France : il est pour l'instant utile et bienséant d'aider au contraire notre voisine à se régénérer par le travail et l'industrie dans les sains labeurs de la paix.

Cet appui loyal n'est pas sans fruit pour notre bon renom : il prouve à l'Europe que la France n'interviendra jamais que *malgré elle* et sur provocation dans les différends qui divisent intestinement les monarchies voisines.

C'est là un bon point pour la République, et, républicains ou monarchistes chez nous, vis-à-vis de l'étranger nous ne devons être que des citoyens de la République française.

La brigade qui surveille les réfugiés russes et polonais n'est pas moins indispensable.

Elle a été organisée par les ordres du duc Decazes vers 1876 en pleine période d'activité des complots nihilistes, et elle doit être maintenue sur le pied de guerre avec plus de soin que jamais.

Il est important, seulement pour qu'elle soit utile, qu'on n'y admette plus désormais que des hommes intelligents, *sachant le russe et l'allemand*; or c'est là ce qui manque le plus.

Le hasard m'a mis entre les mains, il n'y a pas longtemps, les notes d'un des mouchards de cette brigade.

Il y était question bien souvent de Russes avec lesquels ma profession de journaliste m'avait mis souvent en rapport ou dont j'avais ouï parler par des amis communs : or, pas un des renseignements donnés n'était exact, même *matériellement*.

Le plus souvent, il y avait erreur d'adresses : je n'insiste pas sur les noms estropiés et visiblement transmis par la version orale des dames pipelettes du quartier de Port-Royal.

XXV

L'expérience personnelle que j'ai tout à l'heure évoquée me permet d'affirmer que les nihilistes *de Paris* sont incapables de tramer un complot sérieux quelconque, et l'histoire de toutes les tentatives faites en Russie prouve qu'*aucune* conspiration n'a eu son berceau à Paris.

M. Lavroff, que l'on indique souvent comme un des chefs des nihilistes parisiens, s'est de tout temps opposé aux attentats, et ses conspirations ne sont que des délits de pensée, délits purement comiques à des yeux français.

Si on garde, d'ailleurs, en sa présence, pour M. Lavroff, les égards dus à son âge et à son passé de champion des idées extra-libérales, il n'y a point lieu de dissimuler qu'on se moque très fort de lui parmi la jeunesse nihiliste de Paris.

Ses conférences d'antan sur les nébulosités des origines historiques de la pensée russe ont une célébrité cocasse.

Les nihilistes de Paris que la police politique surveille actuellement doivent être divisés en trois groupes :

Les théoriciens,

Les vaincus,

La jeunesse.

Les théoriciens sont ou des rêveurs fort éloignés des réalités de la vie, perdus dans des songes généreux mais purement coquecigruesques, ou des chercheurs patients dont les ardeurs se calment de jour en jour sous la pression de l'expérience, de la connaissance des hommes et des choses de la vie réelle.

Les premiers sont rarement dangereux : le seul qui soit sorti de leurs rangs et qui ait donné quelque ombrage à la Société et à ceux qui ont charge de veiller sur elle, le prince Kropotkine, a depuis longtemps quitté Paris, après avoir pu se livrer personnellement à de délectables comparaisons entre le régime des prisons russes et celui des prisons françaises.

J'ignore quelles sont ses conclusions : on affirme qu'il vient de les livrer à la publicité à Londres.

Je crois que le *four* absolu des *Paroles d'un révolté* n'engagera aucun éditeur français à essayer une édition parisienne de ce nouveau livre.

Les seconds de ces théoriciens ne tenteront rien ou plus rien — s'il est une heure dans leur passé où ils aient tenté quelque chose contre le gouvernement du tzar.

Ils sont en petit nombre, un peu embourgeoisés, renonceraient volontiers à s'occuper de politique, n'ont naturellement qu'une médiocre sympathie pour le gouvernement qui les a plus ou moins persécutés.

En somme on peut les considérer comme à la première étape d'une évolution qui les rapprocherait singulièrement du pouvoir, le jour où le pouvoir serait *libéral* (j'entends le mot au sens français).

Pour l'instant, ils témoignent de la plus vive reconnaissance pour la France sur le sol de laquelle ils ont trouvé la liberté, constatant volontiers, si on les en presse, que tous les Français (pris en général, s'entend) sont libéraux, que pas un n'est *réactionnaire* au sens russe, se plaisent à avancer qu'ils ont entendu de la bouche de monarchistes des théories singulièrement *avancées*, regrettent les procédés jacobins de la politique opportuniste (expulsion des ordres religieux, laïcisation précipitée).

Ces hommes-là ne sont pas dangereux : ils

ne demandent qu'à travailler en paix, et tous accepteraient une amnistie honorable, *s'il ne fallait pas l'implorer et si elle leur était tacitement accordée.*

Les vaincus meurent de faim, et brisés par les luttes passées pour leurs idées folles, ne savent pas livrer maintenant la bataille de la vie.

Esprits bornés pour la plupart, courages déprimés, intelligences éteintes dans le dévoiement des idées, ils sont incapables d'un effort dans un sens quelconque. Les commérages et les cancans les préoccupent au suprême degré, absorbent tout ce qui leur reste de forces morales. De leurs théories d'antan, une seule subsiste dans toute sa vigueur : le culte du système communiste.

Beaucoup vivent des aumônes de compagnons plus fortunés ou passés du camp des vaincus à la petite élite de travailleurs dont j'ai parlé plus haut.

Cette existence de parasite achève la dégradation commencée par la misère.

Susceptibles, faciles à se cabrer si on leur propose un travail qu'ils ne jugent pas *honorablement rétribué*, ils se jettent à la curée avec une férocité de loups cerviers si le camarade dont ils savent l'aisance ne les repousse point de vigoureux coups de boutoir. Et alors quelle tempête de plaintes, de calomnies !

Les seuls dangereux des nihilistes parisiens, ce sont les jeunes.

Leur âge leur permet les rêves et les folles équipées ; leur inexpérience les livre à toutes les billevesées, à toutes les insanités de la vingtième année et aussi à toutes les tentations, à toutes les excitations intéressées. Aucune conspiration tramée par eux n'est *inquiétante*, que dis-je, n'est *viable*, mais une conspiration tramée par eux *ou plutôt avec eux pour instruments* pourrait servir les intérêts de l'Allemagne et les desseins de M. de Bismarck.

XXVI

La situation respective de la France et de la Russie est bien claire.

Les deux pays *ne sont pas* et *n'ont pas besoin d'être alliés maintenant*, puisque leur rapprochement se fait sur la base des communs intérêts et que l'histoire a toujours démontré que l'intérêt est le plus fort des liens.

Pourquoi donc un traité formel qui lierait les mains aux parties contractantes?

Le Tzar n'ignore pas que le jour où la

France écrasée ne ferait plus contrepoids à l'ouest à l'empire d'Allemagne, le jour où l'Alsace-Lorraine, par le seul fait de cet écrasement, ne serait plus un boulet rivé aux pieds de la politique bismarckienne, le chancelier exercerait au sujet des provinces Baltiques des revendications tout aussi singulièrement échafaudées que celles qui lui ont permis de justifier à ses propres yeux et aux yeux des crédules le démembrement territorial de 1871.

Ces revendications, le Tzar serait contraint de les accueillir en tirant son épée.

Son rôle est donc de rester l'arbitre de la paix en Europe et d'empêcher toujours l'écrasement de la France. Le *Nord*, organe officiel de la chancellerie russe, le dit en termes nets :

« On se souvient des articles du *Paris*, faisant allusion, d'abord à mots couverts, ensuite plus explicitement, à la conclusion d'une alliance franco-russe.

« Ces articles ayant rencontré dans la presse française une incrédulité presque générale, nous n'avions que faire d'intervenir.

« D'autant plus que nous n'aurions pu que répéter ce que nous avons déjà dit une douzaine de fois pour le moins : à savoir que le but donné étant la paix, une alliance entre la France et la Russie qui, dans l'état actuel de l'Europe, ne manquerait pas de déchaîner la guerre était un contre-sens.

« Plusieurs feuilles parisiennes ont parfaitement compris ce langage.

« Mais, puisqu'il paraît que tous les journaux français n'en sont pas là, et que les bruits mystérieux continuent leur chemin, nous voici obligés de ramener la question à ces termes simples et formels :

« L'empereur Alexandre III n'a qu'un objectif : la paix générale.

« Pour atteindre ce but, autant du moins que cela dépend de son pouvoir, le souverain de la Russie croit devoir maintenir entière sa liberté d'action. Ce n'est là une menace contre personne ; ce n'est un encouragement pour personne — et chacun peut en faire son profit. »

Tout le reste, les polémiques de M. Katkoff, comme les propos du baron de Jomini à M. Cahu (Théo-critt) sont des exposés d'idées personnelles ou des intrigues au milieu desquelles, de Paris, on est fort exposé à s'égarer.

La *Gazette russe de Saint-Pétersbourg* (*Péterburgski Viédomosti*), organe *officieux et subventionné*, dirigé par M. Avseenko, en affirmant récemment, dans un article remarqué, les sympathies russes pour la France, se livrait contre M. de Mohrenheim à des attaques dont nous n'avons et ne pouvons avoir la clé.

« Le rétablissement des relations amicales avec la République française répond aujourd'hui mieux qu'à n'importe quelle époque à la position internationale de la Russie ainsi qu'à ses intérêts nationaux.

« L'année des épreuves, comme on pourrait

appeler l'exercice courant, a fait clairement ressortir que, *dans toute l'Europe, il n'y a que la France qui se rapproche sans parti pris des intérêts russes, et soit étrangère à toute rivalité dans les affaires qui nous intéressent le plus.*

« De vieux préjugés doivent laisser place à l'évidence de ce fait que le gouvernement français, malgré le peu de ressemblance des institutions, s'abstient de toute propagande républicaine et sait se comporter vis-à-vis des traditions monarchiques des autres contrées avec une honnêteté digne d'être imitée.

« C'est pourquoi il est impossible de ne pas sympathiser avec les relations amicales qui viennent d'être rétablies entre le baron de Mohrenheim et MM. Goblet et Flourens. »

Le journal trouve cependant un point vulnérable dans les relations entre la France et la Russie :

« La presse française a indiqué maintes fois l'étrange germanisation de notre ambassade à Paris, laquelle se compose tout entière de personnes qui portent les noms allemands.

« Nous croyons volontiers que cette circonstance est tout à fait accidentelle et que nos fonctionnaires diplomatiques, n'importe comment ils s'appellent, ne sont guidés que par les vues et les instructions du gouvernement russe.

« Mais l'extérieur, tout en restant trompeur, influe cependant, et l'oreille française ne s'habitue pas vite à des noms allemands, la susceptibilité française ne se laisse pas bercer facilement.

« Une diplomatie habile entre dans tous les détails là où il faut acquérir la sympathie et faire tomber les préjugés. »

Forcément, conclut le journal, nous avons perdu beaucoup dans un passé très rapproché à ce que les Parisiens, d'après leur propre expression, n'aient su *où commence l'ambassade russe et où finit l'ambassade allemande.*»

L'article a paru si étrange que certains

journaux — des feuilles conservatrices — peu au courant peut-être de la situation exacte de la *Gazette de Saint-Pétersbourg*, — au lieu de se borner à enregistrer les déclarations que j'ai soulignées et à en faire discrètement leur profit ont engagé une polémique très vive avec l'organe officieux russe.

Je signale les réserves du *Figaro* et reproduis l'article de la *Patrie* qui publie sur les choses de Russie des correspondances intéressantes et très renseignées, mais d'un esprit notoirement hostile au clan Katkoff — comte Tolstoï — Wischnegradsky.

« Un journal russe, absolument inconnu en France, avait annoncé que l'ambassade impériale à Paris était composée d'agents dont les noms avaient une consonnance allemande.

« Il avait envoyé dans notre pays une traduction tronquée de ses articles, où il était dit que la presse parisienne s'en était occupée « plusieurs fois » et que l'opinion publique commençait à se demander où finissait l'ambassade allemande et où commençait l'ambassade russe. »

« Nous ignorons, naturellement, les motifs, peut-être trop faciles à comprendre, pourtant, que peut avoir eus le journal russe en question à publier un pareil mensonge — une semblable énormité.

« Mais nous ne saurions trop protester, au nom de toute la presse française, contre le rôle ridicule et odieux que veut nous faire jouer notre confrère russe en Russie.

« Nous avons certes nos défauts et nos travers, nos erreurs et nos folies, que nous sommes les premiers à reconnaître, hélas! tous les jours; mais si l'on a pu dire que l'esprit courait les rues à Paris, on n'y a jamais prétendu que la bêtise s'y prélassât en carrosse.

« Or, assurer que les Français en général, et les Parisiens en particulier, ont pu reprocher au sympathique baron de Mohrenheim ou à son non moins sympathique conseiller d'ambassade, le comte de Kotzebüe, de s'appeler ainsi, c'est leur faire injure.

« Non, Dieu merci, nous ne penserons jamais à nous en prendre à un nom, et notre *bêtise humaine* ne va pas jusque-là.

« Toute l'ambassade de Russie à Paris, depuis son chef distingué et respecté jusqu'au plus modeste de ses attachés, est *populaire et aimée sur les bords de la Seine, parce qu'on y affectionne et y vénère la Russie*, et qu'elle la représente dignement, avec ses qualités charmantes, sa haute intelligence et ses manières sympathiques, qui n'excluent ni la dignité, ni la grandeur !

« Évidemment, l'article du journal russe désigné ne visait la France que par ricochet et c'était surtout à Saint-Pétersbourg qu'il était destiné.

« Nous n'avons donc pas à entrer dans cette petite intrigue de couloir, qui rappelle celles de nos propres politiciens ; mais nous avons le devoir et le droit de protester hautement énergiquement, contre les allégations mensongères qui nous couvriraient de ridicule et de honte.

« On a parlé « de *nombreux* journaux français ayant manifesté *plusieurs fois* leur surprise de la composition de l'ambassade russe à Paris.

« Eh bien ! qu'on en cite UN SEUL !

« On ne le pourra pas, car *depuis longtemps la presse française n'a eu que des paroles affectueuses pour la Russie et ses représentants chez nous.* »

Ce trait, qui est une note dominante depuis quelques mois, me ramène au grand projet que je veux dévoiler ici, tandis qu'il en est temps encore et que l'on n'a fait, à l'aide d'agents secondaires, que jeter les premiers jalons de cette intrigue.

XXVII

Nul n'ignore que le jour où la Russie perdit le généreux souverain qui avait affranchi les serfs, et la France son sauveur de 1875, il s'apprêtait à donner à ses sujets une constitution libérale et à leur accorder un parlement accommodé à la structure sociale de son Empire.

Le criminel assassinat du 1/13 mars déchira l'ukase déjà signé et le tzar Alexandre III fut contraint de reprendre d'une main ferme le gouvernail.

M. de Bismarck espère un revirement similaire du Tzar. Son génie, frappé de caducité par les années et le succès, rêve de convaincre l'Europe que la France est pour elle un danger permanent.

L'intrigue que je révèle ici est l'affaire Schnæbelé de l'avenir.

Des agents provocateurs allemands tendent un traquenard à quelques écervelés qui y tomberont aisément.

Le complot ainsi trouvé sera *soudain découvert* par la police allemande qui s'est vantée, on s'en souvient, d'avoir connu d'avance les auteurs du récent attentat de Saint-Pétersbourg, crié aux quatre coins de l'Europe par la presse vendue au Chancelier.

Les reptiles de tout pays chanteront notre honte et notre ingratitude et l'on essaiera de peser par tous les moyens possibles sur l'esprit du Tzar et de la Tzarine.

Les sympathies françaises de la jeune impératrice — princesse danoise — sont bien connues et bien chevillées en son âme, mais n'y aurait-il pas un instant d'hésitation dans l'âme de la mère et de l'épouse ?

M. de Bismarck se trompe.

Son complot aurait-t-il réussi, nous ne croyons pas que le but rêvé par lui soit possible à atteindre ; mais un marchandage de concessions, l'expression d'une exigence quelconque serait humiliante pour la France et le Chancelier s'en réjouirait comme d'un demi-triomphe.

Voilà pourquoi nous avons tenu, en terminant ces pages, déjà bien multipliées, malgré le peu qu'il nous est permis de dire, — car notre indépendance même ne nous autorise pas à dévoiler des secrets qui nous sont connus, mais dont la divulgation nuirait à la cause sacrée pour laquelle nous avons voulu lutter ici — voilà pourquoi nous avons tenu à crever le ballon avant qu'il prenne son vol et à crier à voix haute ce qui se projette en plein Paris entre agents secrets et reptiles prussiens.

CONCLUSION

Je n'avais pas la pensée de reprendre la plume.

Une publication nouvelle me la remet en main.

Elle a pour titre : *Paris sautera, la vérité à l'Alsace-Lorraine.*

Ce volume est édité par la librairie Hinrichsen, comme les publications de M. Jaeglé, et signé un Parisien.

Parisien soit, mais des bords de la Sprée.

Tout, dans ce travail, sent son reptile d'une lieue; mais, malgré ses intentions hostiles et perfides, *Paris sautera* n'a ni grande valeur, ni grande portée.

La thèse du volume est la suivante :

M. de Bismarck s'est plaint qu'aucun ministre français n'ait eu le courage de dire qu'il renonçait à Strasbourg et qu'il acceptait *intégralement* la paix de Francfort. L'auteur de ce volume se porte fort pour tous les Français de l'acceptation absolue et éternelle du traité de paix.

Il n'y a qu'un malheur à ceci : c'est que même les moins patriotes se refuseront toujours à cette déclaration humiliante autant qu'inutile.

On le sait fort bien, à moins qu'on n'ignore absolument l'histoire, un traité n'a jamais été qu'une trêve entre les belligérants, une trêve que l'on fait durer le plus longtemps possible-mais en fin de compte une trêve pure et simple.

C'est là le droit des vaincus.

Le « Parisien » en question ne raisonne pas

de la sorte : il a eu soin de proclamer en débutant ses principes, en nous menaçant d'un nouveau Sedan avec un accent qui rappelle tout à fait celui de la *Gazette de Cologne*. Il continue par ce questionnaire qui, à son sens, devrait devenir le catéchisme des enfants français :

« Qui a déclaré la guerre à la Prusse en 1870 ? se demande-t-il.

— L'empereur Napoléon III.

— Qui l'a votée, cette guerre ?

— Le Corps législatif.

— Qui l'a acceptée, cette guerre, d'un cœur léger ?

— Est-il besoin de nommer le premier ministre du cabinet du 2 janvier.

— Qui a été battue ?

— La France.

— Par qui ?

— Par les Allemands réunis.

— Quelles sont les conditions imposées par la puissance victorieuse ?

— L'annexion de deux de nos provinces, le payement de 5 milliards.

— Si la France eût été victorieuse, qu'eût-elle fait vis-à-vis de l'Allemagne?

— Elle lui aurait sans doute imposé des conditions aussi.

— Lesquelles?

— Elle aurait probablement exigé une forte indemnité de guerre... Quelle somme, je n'en sais rien, par exemple...

— Et puis?

— Dame! je crois qu'il avait été question dans le temps d'annexer les provinces rhénanes. Il me semble même que M. de Bismarck en avait parlé en 1866 pour obtenir la neutralité de Napoléon III.

— Je crois que vous êtes dans le vrai. — Mais, est-ce que la France, dans le cas où elle eût été victorieuse, aurait eu le droit de se faire indemniser ainsi et d'agrandir son territoire?

— Parfaitement, *qu'elle* aurait eu ce droit.

— Eh bien! malheureusement pour nous, c'est l'Allemagne qui a été victorieuse..... et qui, en conséquence, a agrandi son territoire et s'est indemnisée.

— *En avait-elle le droit?*

— *Hélas! oui, puisqu'il faut dire la vérité.»*

Et sur cet *honnête* et *loyal* aveu, notre reptile reprend dans son français tudesque :

« Voilà, mes chers amis, comment devraient raisonner tous les Français.

« Les Allemands ont pris leur revanche de l'incendie du Palatinat, de la défaite d'Iéna, etc., etc. (1).

« Voilà tout. »

Mais, après avoir ainsi attesté le droit des Allemands de tirer vengeance du passé, notre « Parisien » ajoute les affirmations que voici :

« On se sent forcé d'accepter les *faits accomplis*, sous peine de voir se disloquer et crouler les empires.

« Nous en verrions *de bien belles*, s'il fallait

(1) L'auteur oublie Conraddin; il faut lui en savoir gré.

que les nations européennes rendissent tout ce qu'elles ont pris par la force.

« La France, je l'ai déjà dit, devrait rendre l'Algérie, la Tunisie et l'île de Corse.

« Et l'Angleterre ?

« L'Angleterre devrait rendre :

« 1° Gibraltar, ville prise aux Espagnols en 1714 ;

2° Heligoland enlevée au Danemark en 1807 ;

3° Le cap de Bonne-Espérance enlevé aux Hollandais en 1808 ;

4° Elle devrait rendre Hong-Kong à la Chine ;

5° Elle devrait rendre les Indes Orientales ;

6° L'Irlande et même l'Ecosse ;

7° Enfin, elle devrait rendre à la France : 1° l'île de Jersey qui était comprise dans le duché de Normandie ; 2° l'île de Guernesey, pour la même raison ; 3° Malte, enlevée aux Français en 1800 ; 4° le Canada conquis par les Anglais en 1759 et 1760 ; puis Maurice, Terre-Neuve, les Seychelles, etc.

« Je crois en avoir assez dit sur cette question de la restitution des Etats ou provinces.

« Pour ce qui nous concerne, acceptons le fait accompli. »

Ces prémices posées, notre homme ne discute plus guère que quelques articles de la *France* qu'il cherche à opposer les uns aux autres.

Puis il en vient à nos révolutionnaires et entreprend de démontrer comme quoi Paris sautera.

Le procédé est fort simple. Il consiste à affirmer l'existence d'un *million et demi* de révolutionnaires à Paris.

Vous entendez bien, je dis *quinze cent mille.*

Cette belle découverte faite, le reptile ne peut plus s'arrêter sur une si merveilleuse voie.

Il s'en prend aux élèves de Saint-Cyr qui tapagent dans les trains, oubliant les prouesses universitaires de M. de Bismarck.

Il s'en prend aux élèves de l'Ecole Polytechnique à cause de leur monôme traditionnel.

L'armée vient ensuite.

Les 13 et les 28 jours sont à ses yeux des inventions fatales qui ruinent la discipline, les familles, plongent les individus au fond d'un gouffre de misère.

« Vous êtes à la tête d'une maison, d'une industrie ou d'un commerce ; on vous appelle pour faire vos 28 jours ; vous voilà obligé de tout quitter.

« Vous confiez votre femme, vos enfants, vos affaires à un représentant, à un employé.

« Que trouvez-vous en rentrant *dans vos foyers?*

« Ce que vous y trouvez ? Quand vous ne trouvez pas votre *femme assassinée* et votre maison dévalisée, vous devez vous estimer très heureux. »

Mais notre auteur en a surtout contre les officiers. Ils passent leur vie dans les cafés, ils ne travaillent jamais, ils sont toujours ivres, ils ne jouent qu'à des jeux de hasard; bref ils scandalisent les populations !

Il paraît qu'il y a à *Paris*, même à Paris ! — un nombre énorme de gens qui *ne voudraient pas être vus au café*. Dès lors voilà nos officiers mal notés.

Mais l'auteur a bien soin de nous démontrer aussitôt que c'est le cléricalisme qui a fait mettre les cafés au ban de la *bonne société;* or il nous a dit plus haut que les officiers français sont tous ou presque tous d'ignobles cléricaux...

La logique serait gênante.

La péroraison, — j'ai hâte d'y arriver en sautant à travers les pages de ce livre mal digéré, — la péroraison a pour but la destruction des trois légendes napoléonienne, Gambetta et Boulanger.

Si ce livre était d'un Français, il serait d'un traître et les traîtres exécrant toujours les gloires nationales, je comprendrais ce couronnement de l'œuvre; je le comprends puisqu'on le donne comme émanant d'une plume française. Heureusement le doute n'est pas possible...

Mais quel est le but de ce pamphlet ?

On se demande en feuilletant ces élucubrations naïves, tout comme en lisant ce *terrible* et ridicule acte d'accusation de Leipzig, si le génie de M. de Bismarck en est réduit à d'aussi piteux expédients.

Veut-il nous agacer ?

Eh bien ! cela ne nous agace pas.

C'est plutôt le contraire !

DOCUMENTS

RELATIFS AUX INCIDENTS DE 1875

I

Le colonel de Polignac, qui était, en 1875, attaché militaire à l'ambassade de France à Berlin, adresse au *Figaro* la lettre suivante :

» Monsieur le Rédacteur,

« A l'occasion des révélations de M. le général Le Flô, la *Gazette de l'Allemagne du Nord* publie un article émané « d'une région bien renseignée » et reproduit par la *Gazette de Cologne* du 4 juin courant.

» Cet article nous apprend que l'envoi de M. de Radowitz à Saint-Pétersbourg, en février 1875, aurait fourni au prince Gortschakoff le prétexte d'une fable propagée de connivence avec lui par M. le comte de Gontaut-Biron, alors ambassadeur de France à Berlin.

« Cette fable consistait à prétendre que M. de Radowitz allait sonder la Russie sur ses dispositions à l'égard de la France dans un sens hostile. M. de Radowitz, ajoute l'article, allait tout simplement tenir un prône au grand chancelier de Russie sur un défaut de forme diplomatique.

» A cette époque, très analogue à la présente, j'étais à Berlin en qualité d'attaché militaire. Cette soi-disant fable a dû être ourdie vite et subitement, car dès les premiers jours d'absence de M. de Radowitz, elle me fut communiquée par une personne étrangère *bien renseignée*, comme une vérité fort intéressante pour la France; j'eus la naïveté d'en informer notre ambassadeur.

» La même confidence me fut renouvelée de plusieurs côtés dans les semaines anxieuses qui suivirent : je dis anxieuses, car elle est lourde la responsabilité de la sentinelle avancée qui guette le moment de crier : « Aux armes ! » Une fausse alerte amène la crise qu'on veut éviter ; un instant de retard dans le cri d'alarme peut avoir les conséquences les plus graves. On n'oublie pas les choses de ces moments-là. Elles sont, d'ailleurs, consignées dans mes rapports.

« Donc, je m'en souviens, toutes mes relations me répétaient : « Tâchez de savoir ce qui se passe à Saint-Pétersbourg. » Tout le monde accréditait la fable. Il y a plus fort : l'empereur d'Allemagne y aurait cru lui-même. Car, après deux mois de réserve et de silence pour toute notre ambassade, un soir de bal chez la princesse de Hatzfeld, il vint à moi et me dit comme un soldat aux avant-postes annonçant une trêve à un autre soldat : « On a voulu nous brouiller. »

» Ces paroles ayant été publiques, je puis les répéter sans indiscrétion. Peut-être pour les avoir prononcées, le souverain a-t-il reçu lui-même un prône du chef direct de M. de Radowitz.

« Et quand, un mois plus tard, le tzar Alexandre vint en personne, accompagné de son chancelier, conférer avec l'empereur son oncle, à Berlin, et étouffer les derniers bruits de la guerre, le prince Gortschakoff était appelé ironiquement « l'ange de la paix » par la foule, et les anciens disaient : « A quoi bon Sadowa et Sedan puisque nous revenons à 1815 ?

. . . .

« Colonel PRINCE DE POLIGNAC. »

II

Article des *Novosti* le 5 mai :

« La publication de la correspondance diplomatique tant française qu'allemande, touchant les événements de 1875, met particulièrement en relief le rôle joué par la Russie à cette époque. L'image de feu l'empereur, notre tzar libérateur, entouré de l'auréole du pacificateur européen, brille dans cette correspondance d'un tel éclat que l'on s'étonne naturellement que la presse étrangère puisse encore désigner la Russie comme un État dominé par des projets belliqueux et prêt à troubler, à chaque moment, la paix européenne.

« Le but que poursuivait Alexandre II a été atteint : la guerre a été évitée.

« Les uns se sont tournés vers la Russie avec un sentiment de profonde reconnaissance ; d'autres ont calmé leur ardeur belliqueuse, se sentant impuissants à entreprendre une guerre qui aurait pu, dans des circonstances données, devenir très dangereuse.

« Les événements ultérieurs ont indiqué clairement ceux qui ont été irrités des efforts que nous avons faits pour maintenir la paix européenne. Nos échecs diplomatiques de 1878 et ceux que nous avons essuyés pendant la crise actuelle en Orient ne prouvent nullement que l'Allemagne nourrisse à notre égard un sentiment de gratitude parce que nous lui avons évité, en 1875, la guerre dont elle était, comme elle l'assure, menacée par la France. Par contre, nous remarquons depuis cette époque, dans la politique française, un revirement complet en notre faveur, revirement qui se manifeste chaque année davantage.

« Ce fait incontestable éclaircit la question mieux que ne l'auraient fait toutes les pièces diplomatiques et montre à qui nous avons rendu service en soutenant en 1875 les inérêts de la paix.

« Les Français nous sont profondément reconnaissants, tandis que les Allemands ne peuvent dissimuler leur irritation contre le prince Gortschakoff, qui a su exécuter, grâce à son habileté diplomatique, les projets de notre empereur.

« L'incident diplomatique de 1875 a prouvé aux peuples européens que la question de paix ou de guerre ne dépend pas d'une seule puissance, et que l'Europe n'est pas seulement une simple expression géographique, mais que, le cas échéant, elle pourrait mettre fin aux velléités belliqueuses des puissances qui confondent l'idée du droit avec celui de la force. C'est là un fait très consolant.

« En ce qui concerne spécialement la Russie, nous pouvons dire que, malgré les échecs diplomatiques assez graves que lui a valus sa défense de la paix européenne, elle trouve sa consolation dans la conscience du devoir accompli, et maintenant elle voit aussi une compensation dans la résolution que la France a prise de marcher avec elle, la main dans la main, en suivant une politique qui soit conforme aux intérêts des deux nations et assure la paix européenne.

FIN

TABLE DES MATIÈRES

Préface. Le procès de Leipzig. — Le but de ce livre. — L'Allemagne à Paris.................. 5

I. — Poursuites judiciaires contre le *Novoié Vrémia*. — L'article sur l'espionnage allemand. — Organisation. — Personnalités.............. 7

II. — Les prétendues révélations de la *Gazette de Cologne*. — L'espionnage en Russie. — La presse allemande et ses accusations. — L'article de la *Gazette de Cologne*. — Opinion du *Figaro*. — Accusation pour accusation.................. 18

III. — La paix de 1871. — Metz et la Lorraine. — Différend de M. de Bismarck et de M. de Moltke. — L'emprunt de libération du territoire.................................... 28

IV. — Le traité de Francfort. — Conséquences

commerciales de ce traité. — Elles n'éclatent pas aux yeux tout d'abord. — La reprise des affaires. — Souvenirs personnels. — Affluence des capitaux. — Les serments de la première heure. — A Baden il n'y a plus que des Suisses ou des Belges. — L'évacuation du territoire... 31

V. — Escarmouches diplomatiques. — Le comte d'Arnim. — Incidents Ducrot et Rothschild. — Plus d'ambassadeur allemand à Paris. — Albert Beckmann. — Le duc Decazes, ministre des affaires étrangères. — Difficultés de son rôle. — Les évêques et le Kulturkampf. — Exigences de l'Allemagne. — Précédents diplomatiques et judiciaires. — Suspension de l'*Univers*. — Clôture de l'incident. — Le conflit et le procès d'Arnim.......................... 36

VI. — Le bureau de l'esprit public. — M. Rodolphe Lindau. — M. Beckmann. — Son rôle dans l'affaire d'Arnim. — Le passé du personnage. — Son présent. — Ses querelles avec le docteur Landsberg. — Un *reptile* subventionné par le banquier juif allemand Erlanger. — L'entraînement. — L'année 1875. — *La guerre à brève échéance.* — *On a voulu nous brouiller.* — L'Allemagne accroît sa puissance commerciale. — Invasion des Allemands en France... 41

VII. — Complément des révélations du *Novoié Vrémia*. — La méfiance de l'Allemand. — En

France il est légion. — Les Allemands à l'Opéra-Comique. — Les Allemands au restaurant. — Carottes à la douane. — Agents d'affaire. — Les courtiers. — La littérature de B. — Les institutrices allemandes. — Défense aux militaires d'employer des Allemandes comme institutrices de leurs enfants................ 48

VIII. — Le procès de Kaulla. — Le mystère l'enveloppe. — Les antécédents. — Le dossier de la mobilisation chez Gambetta. — C'est le colonel Jung qui en est porteur. — M. Ivan de Wœstyne. — Le général Ney, duc d'Elchingen. — L'article du *Gaulois*. — Le procès en diffamation. — Le procès de Cissey. — Le procès de Kaulla. — L'enquête parlementaire. — Le rôle de M. de Girardin. — La déposition de Mme Graux................................. 54

IX. — Les espions en province. — A Reims. — A Girardmer. — A La Seyne. — En Algérie. — A Lyon. — A Orléans. — A Oran. — A Fressine.. 67

X. — La campagne de *la France*. — Inquiétudes de l'esprit public. — Le cauchemar bismarckien. — La ligne de défense des Vosges. — Le fort de Servance. — Le général commandant à Mulhouse espionne Servance. — Le colonel de Meerheimb. — Explications de la *Gazette de l'Allemagne du Nord*. — Bombardement....... 73

XI. — Les espions à Sainghin-en-Milantois. — La presse française et les espions. — Le *Petit Journal*. — M. Nicot réclame le vote d'une loi sur les étrangers. — L'espionnage............ 82

XII. — Nouvelle campagne de M. Nicot. — Les lois et les usages à l'étranger. — Les devoirs de la nouvelle Chambre. — Les lois existantes...... 87

XIII. — Espions militaires. —Espions de mœurs. — Les filles. — Les bohémiens. — Les juifs. — Les amis de Bleichroëder. — Erlanger. — Hirsch. — Bamberger....................... 93

XIV. — La loi sur l'espionnage. — L'année 1887. — Les secousses hebdomadaires. — Discours du général Boulanger. — Discours du président du conseil Goblet. — Les Français à la pensée de la guerre. — On est prêt à tout événement. — Incidents. — Les espions de Lyon. — Manifestations de sympathies en Russie. — L'affaire Ayrolles............................ 101

XV. — Complot contre le tzar. — Déclarations de la *Gazette de Moscou*. — Silence des reptiles. — L'affaire Schnæbelé. — Dégringolade de la Bourse. — Propos des rues et des boutiques. — L'espion d'Épernay. — Unanimité des partis. — Le comte de Valdersée sur la frontière. — Les espions du Creuzot. — L'espion de Dijon. — Le chasseur de l'ambassade française à Saint-Pétersbourg. — Le passager de *la Champagne*.

— Un espion à Montceau. — Le prétendu espion de Spincourt. — Trop curieux de vérifier une scène de roman sur le terrain............ 113

XVI. — Le fonds des *reptiles*. — Ses causes et sa création. — Le bureau de la presse officieuse. — Journaux allemands. — Les reptiles à l'étranger. — Les agences à feuille de renseignement. — Agence télégraphique. — Agence Wolf et agence Havas. — Agence Reuter. — Saint-Pétersbourg reçoit ses informations par l'agence Wolf............................ 129

XVII. — La Presse étrangère à Paris. — Les deux syndicats. — Association syndicale de la Presse étrangère. — Syndicat des journalistes étrangers amis de la France. — M. Macon. — Gallophiles et reptiles de l'association syndicale. — Campbell Clarke. — Léon Meunier. — Gaston Berardi. — Pavlovsky. — Cramers. — De Scheidlein. — Otto Roëse. — Otto Brandes. 135

XVIII. — Cramers. — Sa passion pour la bière. — Son café. — Sa noble tête de vieillard. — Son rôle à Paris. — De Scheidlein. — Quand les expulsera-t-on ? — Père et fils............... 138

XIX. — Otto Roëse. — Le *Pester Lloyd*. — Otto Brandes. — Sa lettre au *Matin*. — Félix Vogt. — Hirsch.................................... 142

XX. — Oberwinder. — Ferdinand de Brindza. —

Gaston Berardi. — Léon Meunier. — Pavlovsky. — Les correspondants du *Novosti*. — Blowitz. — Campbell Clarke. — M^mo Crawford et son fils. — *The Globe*. — Théodore Child. — Les correspondants espagnols et italiens. — Caponi.. 147

XXI. — Notes communiquées. — Pourquoi il en a été fait peu d'usage. — Les publications de M. Jaeglé. — Le personnel d'un grand hôtel parisien. — Bibliographe et éditeur. — M. Fischer — Le Dr Loewenthal. — Manifestations populaires. — Quand faut-il expulser ? — Plaintes du *Journal de Francfort*. — Au Petit Creuzot. — Sur la frontière. — Les informations militaires, — Pétition des Alsaciens-Lorrains de Lons-le-Saulnier. — On photographie les fournisseurs des forts-frontière. — La grande Brasserie de l'Est à Nancy. — Un campement teuton aux portes de Nancy. — Les déserteurs allemands............................... 153

XXII. — La Russie et les Allemands. — Expulsion des Polonais-Russes des provinces allemandes. — Proscription de la langue allemande dans les provinces baltiques. — Ukase interdisant aux étrangers de posséder des propriétés dans les provinces-frontières. — Premiers effets de l'ukase. — Mesures administratives complétant l'ukase. — Importance de ces mesures. — Combien elles sont fondées au dire du *Times*.

— Plaintes de la presse allemande. — Réponse de la presse officielle de Varsovie. — Langage de la presse russe. — *Le Nord* a parlé. — L'infiltration anarchiste et socialiste allemande...   174

XXIII. — Moyens de défense. — La loi du 17 avril 1886. — Ne réprimons pas, contreminons. — Une police spéciale..........................   187

XXIV. — Pas de police politique. — Plus de mouchards aux trousses du Français. — La chasse aux *reptiles*. — Maintien de la brigade qui surveille les réfugiés étrangers. — Les Espagnols. — Réfugiés russes et polonais...............   190

XXV. — Les nihilistes de Paris. — M. Lavroff. — Théoriciens. — Vaincus. — Jeunesse. — Ces derniers sont les seuls dangereux. — Le complot bismarckien............................   194

XXVI. — Situation respective de la France et de la Russie. — Pas d'alliance; des intérêts communs et identiques. — L'article du *Nord*. — Polémiques russes. — L'article de la *Gazette* (russe) *de Saint-Pétersbourg*. — Une réplique de la *Patrie*...............................   200

XXVII. — 1881-1887. — Le plan de M. de Bismarck. — Les agents provocateurs juifs allemands. — Rôle de la police allemande et des *reptiles*. — Le Tzar et la Tzarine. — M. de Bismarck ne réussira pas. — Ce qu'il ne nous est pas permis de dire. — Ce qui se trame en plein Paris entre agents secrets et reptiles prussiens. 210

Conclusion. — Un pamphlet de reptile. — Paris sautera. — Les exagérations du reptile. — Cela ne se discute pas.................................. 214

Documents relatifs aux incidents de 1875......... 224

IMPRIMERIE ÉMILE COLIN, A SAINT-GERMAIN

J.-H. ROSNY

LE BILATÉRAL

MŒURS RÉVOLUTIONNAIRES PARISIENNES

DEUXIÈME ÉDITION

Un très fort volume in-18 jésus à 3 fr. 50

Je signale aux curieux un très singulier roman politique paru il y a quelques mois, le *Bilatéral*, et dont il a été très peu parlé ; l'auteur, M. Rosny, paraît connaître à fond le personnel, les idées et les chimères de toutes les petites églises socialistes de Paris... Une vie singulière éclate dans ce récit trop touffu, et quelques scènes, celle qui clôt le livre entre autres, touchent à la grandeur.
Figaro du 10 mai 1887.   FRANCIS MAGNARD.

Le Bilatéral (mœurs révolutionnaires parisiennes), par J.-H. Rosny, est un grand roman très littéraire qui étudie scrupuleusement les milieux révolutionnaires du Paris contemporain. Certains chapitres, plus spécialement mouvementés ou dramatiques, sont, croyons-nous, appelés à un succès véritable : l'Exécution du mouchard Ternand, une Réunion des Anarchistes, le Meeting de la Semaine Sanglante, l'Echauffourée du Père-Lachaise, l'Attentat Malicaud, le Tumulte de la salle Favié, les Disputes à la Bourse, le Complot des anarchistes Lesclide et consorts.
                    Le Matin du 27 mars 1887.

Signalons encore : *le Bilatéral* de M. J.-H. Rosny, roman curieux dans lequel sont détaillées les mœurs révolutionnaires parisiennes.

Le Bilatéral, ainsi nommé à cause de la faculté qu'a le principal personnage, le bon, vigoureux et pacifique Hélier, de voir les deux faces, les deux côtés de toutes les questions. Type de comédie tout à fait réussi ; j'y trouve aussi un étrange héros de la

Commune qui rappelle un peu les « vieilles barbes » de 1848, un anarchiste qui ne rêve que de faire sauter la Bourse, le Palais-Bourbon, un fanatique, sorte de Baffier qui va tirant des coups de revolver à travers le Palais de Justice sous prétexte d'être un justicier. Livre très curieux et que je recommande.
Figaro du 25 mai.

Le Bilatéral, par J.-H. Rosny, un fort volume in-18, à la *Nouvelle Librairie parisienne* (Albert Savine : 3 fr. 50). — Sous ce titre assez bizarre paraît une étude de mœurs révolutionnaires parisiennes, prise sur le vif et d'une touche très vigoureuse. C'est une peinture réaliste du monde ultra-avancé, des théories et des aspirations des adversaires de la société actuelle, le tout agencé dans une forme dramatique et saisissante.
Le Soir du 30 mars.

ALBERT CIM

INSTITUTION DE DEMOISELLES

MŒURS PARISIENNES

QUATRIÈME ÉDITION

Un volume in-18.................. 3 fr. 50

Dans le tableau que M. Albert Cim a tracé d'une institution de demoiselles, ce qui est effrayant, c'est que chaque trait semble avoir été pris sur le vif... C'est une œuvre sombre, mais réellement forte : on sent aussi que l'auteur a voulu faire une œuvre utile et qui fît réfléchir.

(*Revue politique et littéraire.*)

Institution de demoiselles est un livre très juste d'observation et qui doit être lu par tous ceux qui se séparent de leurs filles pour les confier aux « institutions ». (*Le Figaro.*)

... Dans cette œuvre nerveusement écrite et très vivante, tous les personnages sont campés d'une façon vraiment magistrale... Le courage n'a pas plus manqué que le talent à M. Albert Cim. Son œuvre, de haute et virile portée, est une de ces révélations nécessaires et impitoyables qu'il faut savoir entendre et dont il serait urgent de savoir profiter. *(Le Mot d'Ordre.)*

Cette étude de mœurs parisiennes est d'un travail fort curieux et fourmille de révélations piquantes sur le petit monde qui attend dans certaines institutions l'heure de la liberté et de l'émancipation. M. Albert Cim a, en outre, très soigneusement étudié la condition précaire de l'institutrice et de la sous-maîtresse dans notre milieu social. *(L'Estafette.)*

Institution de demoiselles est un livre gros de révélations et qui est observé de très près. A la manière dont le récit est présenté, il est impossible de ne pas voir et sentir la chose vécue. Incontestablement l'institution que M. Albert Cim nous dépeint existe... Dans ce livre qui ne nous épargne rien, la vie du pensionnat est prise sur le fait et comme photographiée. *(La Liberté.)*

J.-H. ROSNY

NELL HORN

MŒURS LONDONNIENNES

Un volume in-18 jésus à 3 francs 50

Un des meilleurs romans de cette saison, une œuvre pleine d'observations prises sur le vif, réellement vécue et qui est écrite dans une langue colorée, nerveuse, d'un très puissant effet.
(Le National.)

Une bien curieuse étude de mœurs londonniennes. *(Les Débats.)*

Très vivant et très artistique tableau de mœurs que M. Rosny a rendu avec une saisissante vérité.
(Cri du Peuple.)

HENRI CONTI

L'ALLEMAGNE INTIME

QUATRIÈME ÉDITION

Un volume in-18 jésus à 3 fr. 50

Une œuvre de conscience dans laquelle l'Allemagne est dépeinte dans la vérité avec ses défauts, ses vices, ses qualités, c'est-à-dire sans parti pris. Livre bon à méditer. *(Le Charivari.)*

Livre très bien fait, très étudié et qui a la grande qualité de ne pas être une caricature cherchée et voulue. *(La Lanterne.)*

C'est un livre vécu qui contient, au milieu de réflexions souvent et naturellement amères, des observations justes et frappées au coin de l'impartialité la plus absolue, sur le caractère intime, les habitudes, les mœurs des diverses classes de la société d'outre-Rhin. *(La France.)*

La lecture en est très attrayante et le sentiment qui s'en dégage est particulièrement sain et fortifiant. *(Le Temps.)*

CHARLES VIRMAITRE

PARIS QUI S'EFFACE

DEUXIÈME ÉDITION

Un volume in-18 jésus à 3 fr. 50

Ces racontars, ces documents sont des plus amusants, des plus curieux ; néanmoins ils gagneraient à être présentés avec plus d'ordre et de méthode et à être terminés par un index alphabétique et une table des matières qui facilitent les recherches
(Le National.)

M. Virmaître a écrit là les annales du Paris d'il y a quarante ans, et on ne saurait trop recommander ces sortes de livres qui font revivre le passé et nous rendent le sentiment du pittoresque.
(La Gazette de France).

C'est en somme une longue et intéressante chronique parisienne, destinée à un succès très légitime par la raison que les Parisiens de vingt années y retrouveront le Paris de leur jeunesse et de leurs meilleurs souvenirs. *(Le Soleil.)*

LÉON TIKHOMIROV

LA RUSSIE
POLITIQUE ET SOCIALE

DEUXIÈME ÉDITION

Un volume in-8 à 7 francs 50

M. Tikhomirov possède, sans contredit, toutes les qualités nécessaires pour décrire la situation politique et sociale de la Russie... On peut dire qu'il ébauche un tableau véridique de la Russie telle qu'elle est à présent.
(*Gazette de Francfort.*)

La Russie politique et sociale nous paraît une des meilleures descriptions de la Russie que nous connaissons.
(*Contemporary Review.*)

C'est la première fois que tant de renseignements et de suggestifs rapprochements sont offerts à notre public sous une forme concise et attrayante. Employés, paysans, clergé, noblesse, bourgeoisie, gouvernementaux et nihilistes, c'est bien une Russie complète que nous peint M. Tikhomirov. (*Le Figaro.*)

Calme, réfléchi, sérieux, il examine et décrit la Russie comme organisme social. La question n'avait pas jusqu'ici été traitée avec une pareille compétence.
(*Le Temps.*)

Un des meilleurs ouvrages parmi ceux qui ont été publiés sur la Russie, (*Le Siècle.*)

IMPRIMERIE ÉMILE COLIN, A SAINT-GERMAIN

EN VENTE A LA MÊME LIBRAIRIE

Envoi FRANCO au reçu du prix en un mandat ou en timbres-poste.

Collection in-18 jésus à 3 fr. 50

FERNAND BEISSIER
Le Galoubet, 5e édition............ 1
Prudence Raynaud, 2e édition..... 1

ÉLÉMIR BOURGES
Sous la hache, 2e édition.......... 1
Le Crépuscule des dieux, 2e édit.. 1

CHARLES DE BRÉ
Le Roman du Prince Impérial, 7e édition................ 1

CHARLES BUET
Madame la Connétable......... 1
Contes moqueurs................. 1
Médaillons et Camées.......... 1

ROBERT CAZE
Paris vivant, 2e édition............ 1

ROBERT CHARLIE
Le Poison Allemand, 3e édition... 1

ALBERT CIM
Institution de Demoiselles, 4me édition...................... 1

HENRI CONTI
L'Allemagne intime. 4e édition... 1

G. DE CROLLALANZA
Le Souper rouge, 2e édition...... 1

PAUL GINISTY
L'Année littéraire 1885, 2e édit.. 1

GEORGES GOURDON
Les Villageoises, poésies, 2e édition 1

JULES HOCHE
Le Vice sentimental, 2e édition... 1

L.-P. LAFORÊT
La Femme du Comique, préface d'Émile Augier, 2e édition........ 1

PAUL LHEUREUX
L'Hôtel Pigeon, 2e édition........ 1

JEAN LORRAIN
Les Lepillier, 2e édition........... 1
Très Russe, 2e édition............ 1

FRANÇOIS LOYAL
L'Espionnage allemand en France, 3e édition............. 1

JACQUES LOZÈRE
Baudemont, 4e édition............ 1
Mariages aux champs, 2e édition. 1

GEORGES MAILLARD
L'Organiste, 3e édition........... 1

PAUL MARGUERITTE
Tous Quatre, 2e édition.......... 1
La Confession posthume, 2e édit. 1

TANCRÈDE MARTEL
La Main aux Dames, 2e édition... 1
La Parpaillote.................... 1

OSCAR MÉTÉNIER
La Grâce, 2e édition.............. 1
Bohème Bourgeoise, 2e édition... 1

GEORGES MEYNIÉ
L'Algérie juive, 3e édition........ 1

E. PARDO BAZAN
Le Naturalisme, 2e édition....... 1

ÉMILE PIERRE
A Plaisir, 2e édition............... 1

ALBERT PINARD
Madame X., 2e édition............ 1

PAUL POUROT
A quoi tient l'Amour, 2e édition.. 1

JEAN RAMEAU
La Vie et la Mort, 2e édition..... 1

J.-H. ROSNY
Nell Horn (de l'Armée du Salut), 2e édition..................... 1
Le Bilatéral, mœurs révolutionnaires parisiennes, 2e édition........... 1

LÉO ROUANET
Chambre d'Hôtel, 2e édition...... 1

GRÉGOR SAMAROW
Les Scandales de Berlin, 7e édition 4
L'Ecroulement d'un Empire..... 2
Mines et Contre-Mines.......... 2

CAMILLE DE SAINTE-CROIX
La Mauvaise Aventure, 2e édit. 1
Contempler 2e édition 1

ALBERT SAVINE
Les Etapes d'un naturaliste ... 1

GEORGES SERVIÈRES
Roseline, 2e édition.............. 1

LOUIS TIERCELIN
Amourettes, 2e édition........... 1
Les Anniversaires................ 1
La comtesse Gendelettre, 2e édit. 1

LÉON TIKHOMIROV
Conspirateurs et Policiers, souvenirs d'un proscrit russe. 2e édition,. 1

COMTE LÉON TOLSTOI
Ma Confession, trad. Zoria, 3e éd.. 1

LÉO TRÉZENICK
Les Gens qui s'amusent, 2e édit. 1

JULES VIDAL
Un Cœur fêlé, 2e édition......... 1
Blanches Mains, 2e édition...... 1

CHARLES VIRMAITRE
Paris qui s'efface. 2e édition.... 1
Paris-Escarpe, 8e édition........ 1

KALIXT DE WOLSKI
La Russie Juive, 3e édition...... 1

www.ingramcontent.com/pod-product-compliance
Lightning Source LLC
Chambersburg PA
CBHW070627170426
43200CB00010B/1936